지배당한 민주주의

ⓒ김현철, 2018

초판 1쇄 인쇄 2018년 1월 20일
초판 1쇄 발행 2018년 1월 30일

펴낸이 박종암
펴낸곳 도서출판 르네상스
출판등록 제410-30000002006-62호
주소 경기도 고양시 일산서구 중앙로 1455 대우시티프라자 715호
전화 031-916-2751
팩스 031-629-5347
전자우편 rene411@naver.com

ISBN 978-89-90828-78-1 03340

이 도서의 국립중앙도서관 출판예정도서목록(CIP)은 서지정보유통지원시스템 홈페이지(http://seoji.nl.go.kr)와
국가자료공동목록시스템(http://www.nl.go.kr/kolisnet)에서 이용하실 수 있습니다.(CIP제어번호: CIP2018000884)

지배당한 민주주의

피지배자에게 전하는 민주주의 지침

김현철 지음

르네상스

2016년 촛불 집회로 시작된 우리 사회 변화의 흐름은 2017년 대통령 선거에서 정권 교체를 낳았다. 그리고 이제 2018년 올해는 헌법 개정의 해가 될 것 같다.《경향신문》이 새해 첫날 1면에서 신문 제호마저도 생략한 채 우리 헌법과 독일 헌법 제1조를 나란히 내건 것도 이러한 변화의 흐름을 인식해서일 것이다.

우리 현대사에서 사회 변화의 열기가 뜨겁게 분출되었던 때는 1945년 8·15에서 1948년 정부 수립까지 3년의 해방 공간, 1960년 4·19에서 1961년 5·16까지 1년, 1979년 10·26에서 1980년 5·18까지, 1987년 6월 항쟁에서 그해 12월 내선까지, 그리고 그로부터 30년이 지난 현재이다. 주지하듯이, 그때마다 어김없이 국가의 기본법인 헌법이 제정 혹은 개정되었는데, 시기마다 국민의 헌법 개정에 대한 관심과 참여의 형태는 조금씩 차이가 있었다. 해방 직후에 제헌의회가 새로 건설할 국가의 청사진을 어떻게 그릴 것인가를 광범위하게 다양한 관점에서 논의했다면, 4·19 때는 이승만이라는 자연인의 하야가 국민의 주된 요구였다. 10·26을 통해 박정희라는 자연인이 이미 사라진 상태였기에 그 이후 국민은 유신헌법 철폐와 비상계엄 해제라는 슬로건을 내걸었고, 1987년 6월 국민의 요구는 대통령 직선제라는 헌법적 이슈에 집중되었다.

그렇다면 그로부터 30년이 지난 오늘날의 개헌 논의에서 우리는 무엇에 집중해야 할 것인가? 이 책은 이러한 문제의식에서 출발한 것으로 보인다. 대통령(자연인)의 교체, 군부 정권의 종식, 국민에 의한 대통령의 직접 선출과 같은 앞서 우리가 희망했던 요구 사항들이 모두 실현된 오늘날, 우리 사회의 민주주의를 한 걸음 더 전진시키기 위한 다음 단계의 요구는 무엇이 되어야만 하는가 하는 물음에 이 책은 집중하고 있다.

이러한 물음에 답하기 위하여 필자는, 정치가 '지배가 아닌 자율'이 되려면 인민이 입법에 관여하고 그렇게 입법된 법률만이 (일반의지로서) 존중되어야 한다는 루소의 사상을 계승하면서도, 다른 한편으로 엘리트를 배제한 아래로부터의 변화란 역사상 존재하지 않았고 대의민주주의란 결국 의회민주주의로 귀착할 수밖에 없다는 현실적 한계를 인정한다. 필자는 이러한 수정이 불가피한 이유 두 가지를 드는데, 하나는 정치 엘리트의 전문성에 기초한 정책 생산 능력을 무시할 수 없고, 다른 하나는 다수결이 항상 올바른 결정을 내리는 것이 아니어서, 어떤 정책 결정이 종국에 실패하였을 때에 이에 책임을 지는 주체가 있어야 한다는 것이다.

그렇다면 국민에게는 정치 엘리트를 통제할 수 있는 수단이 있어야 하는데, 필자는 이를 엘리트(자연인이 아닌 정당)로 하여금 '서로 경쟁하게 하는 것'이고, 이것이야말로 우리가 현재 가지고 있는 유일한 권리인 '보통선거권'을 가장 극대화하는 방법이라고 한다. 그런데 양당체제는 이러한 통제의 효과를 저감시키기 때문에 '지배 정당의 보다 쉬운 교체'라는 관점에서 제도의 개혁을 주장한다. 그래서 정당제도와 선거제도의 개혁 방향은 '좀 더 쉬운 정당 설립과 좀 더 쉬운 원내 진출'에 맞춰져야 하고, 따라서 정당법 제18조 제1항과 국회법 제33조의 개정, 연동형 비례대표제의 확대를 통하여 장기적으로 스위스형 연방제 — 이원제(비례대표제 하원, 지방분권제 상원) — 모델을 지향하여야 한다고 주장한다.

이 책에서 필자는 비단 좁은 의미의 정치 분야에 국한하지 않고 우리 사회 전반의 개혁을 이야기한다. 제왕적 대통령제의 문제점 외에도 법원, 방송사의 작은 제왕(제왕적 대법원장, 제왕적 방송사 사장)의 문제점을 지적하고, '법관대표회의'와 같은 민주적 기구(노동조합을 넘어서 모든 구성원을 포괄하는 자치 기구)를 통한 독립성과 자율성의 획득을 주장하는 데에서 이 점은 분명하게 드러난다.

　필자의 또 다른 핵심 제안은 대의민주주의 안에서의 사회 갈등을 해결하기 위하여 시민발의와 국민투표를 도입하고 이를 확대하자는 것이다. 신고리 공론화위원회와 같은 어설픈 숙의민주주의 대신에 직접민주주의를 제도화, 전면화하여 시민을 주권자로서 훈련시키고 새로운 대표자들이 시민 속에서 태어나도록 하자는 대목에 이르면 필자의 안목이 어디까지 미치는지를 가늠해 볼 수 있을 것이다.

　필자는 자신의 견해를 뒷받침하기 위하여 정치학 이론과 역사적 사실, 그리고 영웅 숭배에 대한 대중심리의 분석까지 다양한 분야의 전문 지식을 적절하게 활용하고 있다. 특히 법률 전문가답게 우리의 헌법조문을 비롯한 외국의 법조문을 인용하고 있는데, 단순한 법률의 글귀가 아니라 그 법률이 만들어지기까지 그 사회가 겪었던 역사적, 사회적 경험을 함께 인용하고 있다. 이러한 사실을 염두에 두면서 읽는다면 독자들은 이 책이 전하고자 하는 메시지를 훨씬 더 명료하게 이해할 수 있을 것이다.

이 책의 필자인 김현철 변호사는 컴퓨터공학과를 졸업하고 변호사가 된 다소 특이한 경력을 가졌다. 나는 그의 대학 시절 선배로서 그와 오랫동안 알고 지냈는데, 그의 성실함과 열정은 지난 30년간 변함이 없었다. 특히 그의 민주주의에 대한 확고한 신념을 누구보다 잘 알고 있기에 독자 여러분께 이 책을 감히 추천하는 데에 주저하지 않는다.

이준형(한양대 법학전문대학원 교수)

두 개의 질문

하나. 진정한 민주주의를 위한 대중의 정치 참여, 어떻게 이룰 것인가?

민주주의로 번역되는 데모크라시*democracy*는 인민 또는 대중을 뜻하는 'demos'와 정부 또는 통치를 뜻하는 '-cracy'의 합성어이다. 말 그대로 대중이 통치하는 것이 민주주의인데, 그럼에도 '대중의 정치 참여'가 이루어지고 있지 않다는 비판이 끊임없이 나오는 현실은 우리 민주주의의 아이러니다.

  1987년 이전의 한국 사회는 강한 냉전 시대의 반공 이념과 재벌 중심의 경제 구조, 거대한 국가 관료제의 권위적이고 중앙집권적인 사회시스템 아래에 있었다. 이런 억압적인 사회 현실은 대중의 마음에 민주화에 대한 열망을 불러일으켰고, 마침내 1987년 전국적인 반독재 민주화 시위가 일어났는데, 그것이 '6월 민주 항쟁'이다.

6월 민주 항쟁은 전두환 정부의 강압적인 통치를 무너뜨리고 사회 전반에 걸쳐 민주화를 앞당기는 계기가 되었다. 그러나 최장집은 《민주화 이후의 민주주의》에서, 6월 민주 항쟁 이후 한국 정치의 변동에 대하여 서술하면서, 민주화의 과정에 대중의 참여가 배제되었음을 지적했다. 대중의 힘으로 일으킨 민주화 운동이었으나 결과적으로 실제 민주화의 과정에서는 대중의 참여 없이 엘리트가 중심이 된 '보수적 민주화'로 이행되었다는 것이다. 아울러 최장집은 민주화 세력으로 자처했던 김대중 정부와 노무현 정부의 개혁 실패 역시 보수적 민주화 때문이라고 결론지었다.

흥미로운 것은 대중의 참여가 배제된 가운데에서도 국가 형성, 산업화 그리고 민주화에 이르는 거시적 사회 변화가 이루어져 왔다는 점이다. 대중의 참여 없이 엘리트가 중심이 되어 개혁이 이루어졌다는 의미에서, 나는 한국 정치의 특징 가운데 하나를 안토니오 그람시와 배링턴 무어의 개념을 빌려 '수동 혁명' 또는 '위로부터의 혁명', 또는 '보수적 근대화'라고 정의한 바 있다.[1]

그런데 여기서 의문이 하나 생긴다. 대중이 참여할 수 있었음에도 김대중, 노무현 정부가 이를 배제한 것일까? 아니면 애초에 대중이 정치에 참여하는 것 자체가 불가능했던 것일까?

사실 대중의 참여 없이 엘리트가 중심이 되어 개혁이 이루어지는 보수적 민주화는 우리만의 문제가 아니고 민주주의 체제의 국가가 공통으로 가지고 있는 한계점이다. 지금까지 엘리트가 중심이 되지 않고 대중이 중심이 된 '아래로부터의 개혁'은 역사적으로 존재하지 않았다. 혁명이든 평화적인 시위든, 대중의 물리적 궐기로 구체제가 무너진 다음에는 대중에 대해 새로이 지배권을 가지게 된 엘리트가 중심이 되어 '위로부터의 개혁'을 이루었다. 프랑스혁명, 러시아혁명은 물론이고 우리나라의 촛불혁명 또한 그러했다. 그 이유는 대단히 간명하다. 대중에게 주어진 정치적 기본권이 '보통선거권'으로 제한되어 있기 때문이다. 대의제 아래에서 대중은 단지 누군가를 자신의 대표자로 뽑을 권리만을 가진다. 따라서 누군가에게 투표하는 것 말고는 대중이 정치에 참여할 수 있는 다른 어떤 방법도 없다.

최장집이 말하는 대중의 정치 참여가 노무현, 문재인 또는 오바마를 지지하는, 진보적인 엘리트에 대한 선거운동 따위를 뜻하는 것은 결코 아닐 것이다. 결국 대중의 정치 참여를 이루기 위해서 우리는 보통선거권의 행사를 넘어서, 대중의 정치 참여를 구체화할 방법과 실현 가능한 제도를 마련해야 한다는 결론을 얻을 수 있다.

다음은《민주화 이후의 민주주의》결론 부분이다.

그러므로 현재의 엘리트 중심적 정당체제, 정당 간 차이가 별다른 의미를 갖지 않는 보수 정당 구조는 사회의 새로운 참여자들을 받아들임으로써 다원화되는 것이 필요하다. (……) 민주주의가 제 기능을 하기 위해서는 사회적으로 통합되어 있지 않고 정치적으로 대표되지 않고 있는 서민층이나 노동이 정치과정으로 들어오는 것이 필요하다.[2]

지극히 타당한 주장임에도 공허함을 지울 수 없다. 위 내용은 결론이 아니라 머리말에 있어야 한다. '정치의 다원화'와 '대중의 정치 참여', 이 두 가지를 어떻게 하면 이루어 낼 수 있는가 하는 의문으로 시작해서, 구체적인 방법론을 제시하는 것으로 결론을 맺어야 한다. 그것이 민주주의 교본의 역할이기 때문이다. 정치의 다원화와 대중의 정치 참여를 지배 엘리트들에게 주문하는 것이 결론이 된다면 그것은 민주주의에 대한 모독이다. 민주주의는 '지배자들의 선의'에 의존하여 실현될 수 있는 게 아니기 때문이다.

대중의 정치 참여를 이루어 내야 한다는 말은 민주주의를 실현하자는 말과 같다. 결국 정치와 사회를 다원화하고, 서민층과 노동계급이 정치과정에 참여해야 한다는 주장이 미사여구에 머물지 않으려면, 이를 현실화하기 위한 방법, 즉 구체적인 행동 지침을 마련해야 한다. 그리고 그 행동 지침은 민주주의를 발전시킬 주체인 시민, 즉 지배받는 자들의 시각에서 설계되어야 한다.

대한민국헌법 제25조는 모든 국민이 공무담임권을 가진다고 정하고 있다. 왕정국가나 귀족국가와 다르게 아무런 제한 없이 누구에게나 정치에 참여할 수 있는 권리를 부여하는 것이 바로 대의제를 민주주의라고 부르는 논리적 전제이다. 그런데 이것은 마치 누구나 부자가 될 가능성이 있다는 것을 근거로 자본주의 체제를 정당화하는 것과 마찬가지 오류를 범하고 있다. 현실적으로 누구나 부자가 될 수 있는 게 아닌 것처럼, 누구나 직접 정치에 참여할 수 있는 게 아니기 때문이다. 대의제 아래에서 직접 정치를 하려면 지배 세력으로부터 승인을 받아야만 가능한 것이므로, 정치에 참여할 수 있는 권리가 모든 피지배자에게 보편적으로 용인된 권리라고 할 수 없다. 그런 의미에서 '대중의 정치 참여'란 대중이 지배자가 되어 정치에 참여하는 것이 아니라 피지배자의 지위를 유지하면서 정치에 참여하는 것을 의미한다. 따라서 이 글은 피지배자의 자격으로 지배자들의 정치에 개입하는 방법을 구현하는 것을 목적으로 한다. 그것은 곧 진정한 민주주의를 이루기 위한 전략이 될 것이며, 반드시 통치 구조(정부 형태)와 선거제도 및 정당제도를 개혁하는 프로그램과 연동될 수밖에 없을 것이다.

둘. 대통령을 잘 뽑기만 하면 정치는 아무런 문제가 없을까?

2017년 3월 10일 JTBC 특집 토론 프로그램 〈탄핵 심판 이후 대한민국, 어디로 갈까〉에서 정태옥 자유한국당 의원이 "대통령이 견제받지 않는 제왕적 권한을 가지고 있다. 시스템의 문제다. 1987년 이후 대통령 6명이 불행한 상황을 맞았고 그 정점이 박근혜 탄핵이다. 개헌을 통해 시스템을 바꿔야 한다."고 말했다. 이에 대해 패널로 출연한 유시민 작가가 "헌법이 잘못해서 이 사태가 났는가? 이명박, 박근혜 정부 아래서 일어난 일은 헌법 잘못이 아니라 헌법을 제대로 운용 안 해서 그런 것이다. 대통령이 헌법을 안 지켜 탄핵됐는데 헌법이 잘못됐으니 헌법을 고치자는 게 말이 되느냐!"고 비판하고, "헌법이 입이 있으면 주먹 쥐고 나올 것"이라며 열을 올렸다.

이명박, 박근혜 정부의 부패와 정치적 무능의 책임으로부터 결코 자유로울 수 없는 자유한국당 의원이 개헌을 논한 것에 대해, 많은 국민들이 유시민처럼 분노했다. 하지만 그렇다고 해서 '헌법의 잘못'이 아니라 '사람의 잘못'이라는 유시민의 생각은 과연 옳은 것일까? 청렴하고 능력 있는 대통령을 뽑아서, 그 사람이 잘한다면 헌법은 정말 아무런 문제가 되지 않는 것일까?

유시민의 논리는 언뜻 보면 맞는 것 같다. 하지만 그 논리에는 심각한 맹점이 있다. 황제가 존재하는 한 '나쁜 황제'는 언제든지 다시 등장할 수 있기 때문이다. 유시민이 지지하는 문재인 대통령이 도덕적으로 청렴하고 능력 있는 역량으로 5년의 임기를 마친다고 하더라도, 다음 선거에서 우리가 선량하고 능력 있는 대통령을 계속 뽑을 수 있다고 장담할 수 있을까? 우리는 이미 부패하고 무능한 대통령을 여러 번 선출했다는 사실을 잊어서는 안 된다. 그리고 그들이 막 뽑혔을 당시에는 대단히 청렴하고 능력 있는 지도자의 모습을 보였다는 사실도 함께 떠올려야 한다. 따라서 지금 중요한 것은 우리의 대통령제가 중앙 정부에 집중되어 있는 권력의 남용으로 언제든지 심각한 부패와 무능에 빠질 수 있다는 사실이다. 그것은 박근혜 정부가 탄핵되는 과정에서도 알 수 있듯이 단순한 가능성을 넘어서 심각한 현실로 드러났다.

제도를 고치기보다 사람이 정치를 잘하면 된다는 것은 유시민뿐 아니라 상당수의 지식인들이 지속적으로 주장하는 논리이다. 앞에서 언급했던 최장집의 《민주화 이후의 민주주의》에도 비슷한 주장이 있다.

> 헌법에 의존해 민주주의 발전을 이루고자 하는 것은 현실의 정치를 우회하거나 뛰어넘어 정치 외부의 어떤 과정, 절차, 힘으로 하여금 정치가 해야 할 문제들을 해결하게 하는 것을 의미한다. 하지만 민주주의와 인민주권은 정치적 평등의 원리에 기초한다. 정치의 방법으로 보통 사람들의 권력을 창출할 수 있고, 그들의 요구를 실현할 수 있는 체제인 것이다. 그러나 정치를 폄하하면서 헌법을 불러들이는 것은, 정치적 문제를 외생적으로 접근하는 방식이라 할 수 있다. 외생적 문제 해결의 방법은 외부의 이니셔티브에 의해 만들어진 어떤 규범·가치·이념·제도를 정치와 사회에 부과하는 것이다. 보수파들은 기존의 헌정주의를 강화할 것을, 개혁파들은 더욱 민주적인 새로운 헌정주의를 불러올 것을 요구한다. 그러나 이들의 공통점은 한결같이 민주주의 위에 헌정주의를 두려고 한다는 것이다.[3]

기존 정치권에서의 개헌 논의가 자신의 파당적 이익을 위해 제기되고 있는 현실을 비판하는 의도라는 점에는 공감한다. 하지만 밑줄 친 부분에 대해서는 우려를 느끼지 않을 수 없다. 현재 우리나라의 민주주의가 인민주권의 원리에 입각한 체제이므로 충분히 현재 체제에서 이른바 '보통 사람들'의 권력을 창출할 수 있고, 그 권력이 보통 사람들의 요구를 실현할 수 있다고 쓰고 있다. 하지만 앞서 유시민의 발언에 대한 비판에서처럼, 우리가 훌륭한 대통령을 선출하여 청렴하고 능력 있는 역량으로 5년의 임기를 마친다고 하더라도, 다음 선거에서 또 선량하고 능력 있는 대통령을 뽑을 수 있다고 단언할 수 없다. 현재의 통치 구조에서는 이명박과 박근혜 같은 부패하고 무능한 대통령이 언제든지 다시 출현할 수 있다는 말이다.

'정치'와 '제도'를 별개의 것으로 구분 짓는 여러 지식인들의 논의는 통치 구조의 문제점에 대해 아무런 심각성을 느끼지 못함을 자인하는 것밖에 되지 않는다. 정치와 제도는 따로 놓고 논의할 수 없는 것이다. 문재인 정부의 2017년 '적폐 청산' 시도는 대단히 유의미한 작업이지만, 그것이 시도에 그치지 않고 진정한 결실을 맺으려면 또다시 같은 형태의 적폐가 쌓이지 않도록 잘못된 제도를 수정해야만 한다. 제도를 바꾸지 않으면 다음 정권에서 똑같은 적폐가 반복되는 것을 결코 막을 수 없다. 바로 이 부분이 김대중 정부와 노무현 정부가 실패한 지점이다.

새뮤얼 헌팅턴*Samuel Phillips Huntington*의 지적처럼 정치의 발전과 안정은 '정치제도화'가 어느 정도 이루어졌는가에 달려 있다. 그리고 정치발전의 척도로서의 정치제도화란 '정치조직과 절차가 가치와 안정성을 획득하는 과정'이라는 점도 주목해야 한다. 제도와 유리된 형이상학적인 정치는 결코 존재할 수 없다.[4]

그런데 최장집은 앞서 인용했던 바로 다음 쪽에서 더욱 심각한 주장을 하였다.

> 현실에서 정치가 아무리 문제라 하더라도, 우리 사회가 나아가야 할 비전을 설정하고 이를 실천하는 권력을 창출하고, 구체적인 정책과 프로그램들을 형성하고, 이를 둘러싼 갈등과 차이를 조정해 가는 것은 모두 정치가 해야 할 일이다. 정치의 경계를 넓혀서 현실 정치가 당면한 문제를 해결해 갈 때 민주주의는 성장하고 발전할 수 있다. 이때 헌법을 포함한 제도는 민주주의의 규범 및 원리와 가까이 병행하면서 문자 그대로 민주주의에 복무하는 법적 기제가 될 수 있는 것이다. 개헌이든 제도 변화든 그것은 정치의 독립변수이기보다 종속변수로서 더 많이 이해되고 접근될 수 있다.[5]

비전을 설정하고 구체적인 정책과 프로그램들을 형성하고 갈등과 차이를 조정해 나가면서 정치의 경계를 넓혀서 민주주의를 성장시키자는 주장이다. 구체적인 방법론은 전혀 제시하지 않고 이상적인 말만 계속 반복하고 있다. 그러면서도 헌법은 '종속변

수'라고 단정하는데, 과연 그럴까? 단언컨대 그렇지 않다.

헌법은 정치의 종속변수가 아니라 '정치 그 자체'이다. 왜냐하면 시민의 정치적 기본권과 함께 정당의 경쟁과 협의가 헌법의 틀 내에서만 인정되고 제한되기 때문이다. 현재 대한민국헌법이 피지배자들에게 보장하는 정치적 기본권은 제24조 보통선거권, 제72조 대통령이 부의하는 정책에 관한 예외적 국민투표권, 제130조 헌법 개정 국민투표권이 전부이다. 앞에서 지적했던 것처럼 대한민국헌법 제25조는 공무담임권을 인정하고 있지만, 지배자가 되려면 종전의 지배 체제로부터 승인받지 않으면 안 되기 때문에, 공무담임권이 피지배자들에게 인정된 보편적인 권리라고 할 수는 없다.

그런데 통치 구조와 정치제도에 대해 세밀하게 고찰하지 않고, 막연히 이상적인 주장을 하는 것은 차라리 문제가 아닐 수도 있다. 통치 구조에 대해 상세히 비교하고 논승하면서도 비슷한 결론을 내는 경우가 더욱 심각한 문제이기 때문이다. 강원택은《대통령제, 내각제와 이원정부제》의 결론 부분에서 최장집과 비슷한 논지를 드러내고 있다.

지금까지 살펴본 대로 각 통치형태는 각각 그 나름대로의 작동 원리와 특성을 지니고 있다. 그리고 외형상 대통령제, 내각제, 이원정부제라고 하더라도 국가별로 상당한 제도적 혹은 관행상의 차이를 갖고 있음을 알 수 있다. 따라서 각종 통치형태에 대한 정치적 효과의 우위나 좋고 나쁨을 객관적으로 구분한다는 것도 불가능할 뿐만 아니라 바람직한 일도 아니다. 독일은 바이마르공화국 시절 이원정부제 형태의 통치형태를 갖고 있었고, 그로 인한 대통령과 총리의 권한 다툼이 히틀러의 통치로 이끌게 된 것으로 간주하고 있다. 이 때문에 제2차 세계대전 이후에는 이러한 문제의 재발을 막기 위해 내각제를 채택했고, 지금까지 건강하고 효과적인 정부 형태를 유지해 오고 있다. 이와 반대로 프랑스는 3, 4공화국 시절 내각제를 채택했고, 거기서 비롯되는 정치적 불안정을 겪고 난 이후 제5공화국에서는 이원정부제적인 형태의 드골 헌법을 채택하여 지금껏 정치적 안정을 누리고 있다. 한 나라에서는 정치적 불안정의 원인으로 간주되어 '폐기한' 제도가 다른 나라에서는 정치적 안정을 구현하기 위한 '개혁적인' 제도로 수용된 것이다. (……) 미국에서 완벽하게 작동하는 대통령제가 미국 이외의 지역에서 다르게 작동하는 것이나 내각제가 나라마다 다른 형태로 진화해 온 것도 각국의 역사적 경험이나 정치적 관행에 따라 제도적으로 각기 다르게 '대응'해 왔음을 보여 주는 것이라고 할 수 있다. 즉 통치형태의 문제는 경로 의존적$^{path\text{-}dependent}$이다. 과거의 역사적 경험이 현재와 미래의 선택을 제약할 수밖에 없다.[6]

강원택은 "각종 통치형태에 대한 정치적 효과의 우위나 좋고 나쁨을 객관적으로 구분한다는 것도 불가능할 뿐만 아니라 바람직한 일도 아니"라고 한다. 이러한 결론의 전제로 언급한 독일, 프랑스 그리고 미국의 통치 구조와 민주주의에 관한 사례는 뒤에서 상세하게 다룰 것이다. 다만 여기서 지적해야 할 쟁점은 위와 같은 결론에 앞서서 강원택이 은연중에 전제한 가정이다. 강원택은 현재의 독일이 "건강하고 효과적인 정부 형태를 유지해 오고 있"고, 현재의 프랑스는 제5공화국 이후 "지금껏 정치적 안정을 누리고 있"으며, 미국의 대통령제는 "완벽하게 작동하"고 있다고 전제한다. 이러한 가정이 있었기 때문에 어떤 통치형태가 더 우위에 있다고 객관적으로 구분할 수 없다고 결론지은 것이다. 하지만 과연 현재 독일의 정치는 건강하고 효과적이며, 프랑스는 지금껏 정치적 안정을 누렸고, 미국의 대통령제는 완벽하게 작동하는가?

민주주의 체제 아래에는 양당체제와 다당체제, 소선거구제와 중·대선거구제, 지역대표제와 비례대표제, 병립형 비례대표제와 연동형 비례대표제, 대통령제와 의원내각제·이원정부제 등등 여러 제도가 있다. 각 나라마다 역사적 경험에 따라 다른 제도를 선택할 수 있는데, 그것을 어떻게 운용하느냐에 따라 다른 결과를 얻을 뿐 각 제도의 본질은 민주주의적 제도로서 모두 비슷하다는 것이 지금까지 지식인들의 지배적인 주장이다. 그런데 과연 이런 주장은 옳은 것일까? 어떤 제도가 더 좋고 나쁜지를 객관적으로 구분하는 것이 정말로 불가능하며 바람직하지 않을까? 어떤 제도가 다른 제도보다 상대적으로 우위에 있다고 단정할 수 있으려면, 즉 어떤 제도가 가진 단점에도 불구하고 장점이 다른 제도의 장점보다 더 우월하다고 판단하려면, 우선 각 제도를 동일 차원의 평면에서 평가할 수 있어야 한다는 전제 조건이 필요하다. 그 다음에 각각의 제도가 가진 장점과 단점의 정도를 측정할 수 있는 기준이 있어야만 한다.

　이제 민주주의를 다시 정의 내리고 상대적으로 비교 우위를 가지는 제도를 가늠함으로써, 피지배자의 시각에서 정치와 제도를 어떻게 바라볼 것인지를 고찰하려 한다. 이를 위해 본론을 세 부분으로 나누어 각각 독립되어 있으면서도 서로 연결된 세 가지 주제를 논할 것이다.

　먼저 각 통치 구조를 비판적으로 살펴 좀 더 나은 정부 형태를 찾고, 다음으로 대중이 정치에 참여할 수 있는 구체적인 방법을 찾아 대의민주주의를 좀 더 민주적으로 만들 수 있는 가능성을 검토할 것이다. 그리고 마지막으로 민주주의를 뒷받침하는 정신적 토대에 대해 다룰 것이다.

제1부 정치제도의 비교와 분석

1장 _ 제도 비교를 위한 판단 기준 찾기

1) 민주주의와 엘리트 지배

황제를 폐위하고 공화정을 수립한 18세기의 계몽주의자들은 흥분을 감출 수 없었다. 왜냐하면 인민이 드디어 자신의 대표자를 자기 손으로 직접 뽑게 됨으로써, 피지배자임과 동시에 지배자가 되었기 때문이다. '인민주권주의', 즉 '인민에 의한 지배'가 실현된 것이다. 그 이전까지 군주가 '신神의 은총'으로 권력을 행사(왕권신수설)했던 것에 반하여, 이제는 '인민人民의 은총'이 권력의 근거(인민주권론)가 되었다.

프랑스혁명 말기인 1793년 6월, 급진적인 공화주의 당파인 자코뱅파는 국민공회에 난입해서 온건 공화파인 지롱드파를 반혁명 분자로 몰아세워 추방했다. 자코뱅파가 장악한 공안위원회의 위원장이었던 로베스피에르Maximilien Robespierre의 공포정치는 그렇게 시작되었다.

로베스피에르는 공포정치를 통해 자신의 공안위원회에 반항하는 세력은 같은 혁명 동지라 해도 잔인하게 숙청하였다. 그렇게 1794년 3월에는 자크 에베르*Jacques René Hébert*, 4월에는 조르주 당통*Georges Jacques Danton*마저 단두대에서 사라졌다.

로베스피에르는 '폭군의 잔인함은 그저 잔인함일 뿐이지만, 공화국의 잔인함은 미덕'이라는 말로 공포정치를 합리화했다. 문제는 그 '미덕'의 기준을 로베스피에르와 그의 추종자 중 몇몇이 정했다는 점이다. 결국 로베스피에르는 자신의 의지를 '인민의 의지'로 치환함으로써 자신의 권력을 '인민의 권력'이라 선언하기에 이르렀다.

게오르크 뷔히너*Georg Büchner*의 희곡 〈당통의 죽음〉에서, 공안위원회로부터 기소되어 혁명재판소 앞에 선 당통은 로베스피에르와 그의 추종자들을 가리키며 외친다.

> "프랑스에 커다란 재앙이 닥쳐오고 있다. 독재라는 재앙 말이다. 독재가 베일을 벗어 버렸고, 보란 듯이 뻐기며 우리 시신을 밟고 지나갈 것이다. 저 비겁한 살인자들을 보라. 공안위원회의 까마귀들을."[7]

독재에 맞서 자유를 위해 혁명을 일으켰던 자들이 혁명이란 이름 아래 또다시 자유를 억압하는 '독재라는 재앙'이 되어 버린 것이다. 무엇이 그들을 그렇게 만들었을까?

파리 오데옹 거리에 있는 조르주 당통의 동상

프랑스혁명에 의해 수립된 공화국에서는 인민의 이름으로 선출된 지도자가 군주와 귀족들을 대신하여 '새로운 지배자'가 되었다. 권력의 근거를 군주가 '신'에게서 찾았던 것에 반하여, 공화국의 지도자는 '인민의 의지'에서 찾았다. 그러나 그것 말고는 달라진 게 없었다. 군주국의 기초가 신화였던 것처럼, 인민의 동의와 인민의 의지로 공화국이 성립되었다는 새로운 신화가 만들어졌다.

존 스튜어트 밀*John Stuart Mill*은 "권력을 행사하는 '인민'은 권력의 행사를 받는 사람들과 동일한 인민이 아니며 (……) 더욱이 인민의 의지는 사실상 가장 많은 수의 사람들 혹은 인민의 가장 적극적인 부분 — 다수 혹은 자신을 다수로 받아들여지게 하는데 성공한 사람들 — 의 의지를 의미한다."[8]라고 함으로써 인민주권주의에 대한 환상을 경고하였다.

또한 미하일 바쿠닌*Michail Bakunin*은 "권력을 수중에 넣은 사람은 일반적으로 자신의 권력을 강화하고 확대하며 권력 지위를 방어하기 위하여 끊임없이 새로운 요새를 쌓아 올리고, 대중의 주권과 통제로부터 벗어나기 위해 노력한다. 권력을 소유하게 되면 심지어 '가장 위대한 자유 투사'라 해도 '압제자'로 변하게 된다."[9]라는 말로 지배자의 권력욕과 그 악의를 절실하게 표현하였다. 하지만 권위적 체제가 아닌 민주적 체제라고 하더라도, 정치에 있어서 '엘리트의 지배'는 필연적이라는 사실을 피할 수 없으며, 이것이 모든 조직의 근본적 경향이라는 점 또한 받아들여야 한다. 즉 엘리트의 지배는 지배자 개인의 욕망과 선악의 문제가 아니며, 그 조직의 구성원들의 필요에 의한 정치체제의 불가피한 속성이다.

인민이 국가에 대해 요구하는 것이 늘어날수록 공공 업무가 방대해지고, 이는 공공 업무의 전문적 분화로 이어져 관료제를 낳았다. 이것은 마치 의사나 판사, 회계사, 엔지니어를 다른 직업의 사람이 대체하기 어려운 것과 마찬가지이다. 또한 관료제를 관리해야 할 정치 영역 또한 전문성이 요구되었고, 이로 인해 전문적인 정치 엘리트의 존재가 필요하게 되었다.

현대 민주주의는 직업 공무원제에 의한 관료 체제와 선거로 선출되는 정치 엘리트의 체제를 헌법적으로 확립하였다. 나아가 선거에 의하여 인민주권을 위임받은 정치 엘리트는 관료에 대해 정치적 우위를 가지고, 그 우위를 기반으로 관료제를 관리하게 되었다. 결국 전체 인민이 정치를 직접 담당하는 것은 기술적으로 불가능하기 때문에 몇 년에 한 번씩 이루어지는 투표권 행사가 인민이 행하는 정치 행위의 전부일 수밖에 없게 되었다.

조지프 슘페터*Joseph Alois Schumpeter*는 "민주주의는 인민이 '통치'라는 단어가 갖는 어떤 분명한 의미에서, 실제로 통치한다는 것을 의미하지도 않고 또 의미할 수도 없다. 민주주의는 인민이 자신들을 통치할 사람들을 받아들이거나 거부할 기회를 갖는다는 것을 의미할 뿐이다."[10]라고 함으로써 민주주의에 대한 과장을 경계하였다. 이 말은 앞서 인용했던 "권력을 행사하는 '인민'은 권력의 행사를 받는 사람들과 동일한 인민이 아니"라는 밀의 말과 같은 뜻이다. 이처럼 민주주의란 국민이 실제로 통치한다는 뜻이 결코 아니다. 다만 국민이 자신을 통치할 엘리트를 선출할 수 있는 기회를 갖는다는 것에 불과하다.

이렇듯 선출된 소수 엘리트의 지배가 필연적일 수밖에 없는, 즉 대의제가 불가피한 현대 민주주의에서 마치 인민에 의한 지배가 이미 실현된 것처럼 표현하는 것은 명백한 '현실 왜곡'이다. 우리는 엘리트의 지배를 인정해야 하며, 현재의 민주주의를 결코 과장해서는 안 된다. 그러므로 이제 우리는 '민주주의'에 대해 다시 정의를 내려야만 한다.

대한민국헌법 제1조 제2항은 "주권은 국민에게 있고, 모든 권력은 국민으로부터 나온다."라고 규정하고 있다. 그런데 이 조항은 권력의 근거에 대해서만 규정하고 그 권력을 누가 행사하는지를 밝히지 않아, 다분히 인민주권주의에 대한 환상을 부추긴다. 때문에 이 조항에는 "다만 그 권력은 선출된 엘리트에 의해 행사된다."는 문장이 추가되어야 한다.

"국가의 주권은 국민에게 있고, 국민은 그 대표자와 국민투표를 통하여 그 주권을 행사한다."는 프랑스 헌법 제3조 제1항이나, "모든 권력은 국민으로부터 나온다. 국가권력은 국민에 의한 선거와 투표 그리고 입법, 행정 및 사법의 특별 기관을 통하여 행사된다."고 규정한 독일연방 기본법 제20조 제2항은 그나마 엘리트에 의한 주권 행사를 좀 더 솔직하게 표현하였다. 하지만 이들 조항 역시 '선거와 투표로써 주권을 행사'한다는 표현에서 대의민주주의를 과장하려는 의도가 보인다. 선거와 투표는 실제로 주권을 행사할 사람을 선출하는 것에 불과하다. 국민이 직접 주권을 행사하는 것이 아니라 선거와 투표를 통해 선출된 엘리트가 비로소 주권을 행사하는 것이다. 즉 투표 자체는 주권의 행사가 아니라는 말이다. 왜냐하면 사람을 뽑는 투표는 그 자체로 권력의 행사, 즉 어떤 이익을 위한 힘의 행사가 아니기 때문이다.

그런 의미에서 "영국 인민은 자신들이 자유롭다고 생각한다. 하지만 그들은 크게 잘못 생각하고 있다. 그들은 의회의 의원 선출 기간에만 자유로울 뿐이다. 의원을 선출하자마자 그들은 곧 노예가 되며, 별것 아닌 존재가 되어 버린다."[11]라는 250년 전 루소 Jean Jacques Rousseau의 말은 지금도 여전히 유의미하다. 국민은 자신을 대신하여 주권을 행사할 사람을 선출하는 순간에만 주권자일 뿐, 곧바로 그 대표자가 행사하는 권력의 지배를 받는 대상이 된다. 루소가 "지배자가 생겨나는 순간 주권자는 더 이상 존재하지 않으며, 그때부터 통치체제는 와해된다."[12]라고 연이어 지적한 것처럼, 자신이 선출한 지배자를 통제하지 못한다면 헌법이 규정하는 '주권자로서의 국민'은 입헌적 환상에 불과한 것이 된다.

결국 이제 우리는 '엘리트의 지배'를 인정한다는 전제 하에 '엘리트를 어떻게 통제할 것인가?' 하는 문제를 고민해야 한다.

2) 민주주의와 독재

'독재는 왜 옳지 않은가?'라는 물음에 답해야만 통치 구조, 즉 정부 형태의 문제에 접근할 수 있다. 이것은 '민주주의는 왜 정당한가?'라는 질문과 같은데, 대부분의 사람들은 그냥 당연한 것으로 여긴다. 이 질문에 모든 국민이 평등하기 때문이라고 대답해서는 안 된다. 평등이 민주주의의 기초이기는 하지만, 그것이 민주주의를 정당화하는 이유는 아니기 때문이다.

'민주주의와 독재'라는 문제에서 반드시 언급해야 할 것이 마르크스주의이다. 독재정치로 언급되는 사례는 나치와 같은 전체주의 체제, 박정희의 유신 체제와 같은 2차 세계대전 이후 신생국의 군부 독재 그리고 구소련, 중국, 북한과 같은 사회주의 체제가 있다. 전체주의 체제와 군부 독재의 부당성을 논하는 것은 지면의 낭비일 뿐이다. 다만, 사회주의 혹은 공산주의 체제에 대해서는 논할 필요가 있다. 이들 이론은 자신의 독재를 통하여 인민의 자유와 민주주의가 실현될 거라고 주장했기 때문이다. 따라서 사회주의 혹은 공산주의에 대한 고찰을 통해 '민주주의와 독재'에 대한 좀 더 유의한 논쟁의 증거능력을 갖출 수 있을 것이다.

마르크스*Karl Marx*와 그의 후계자들은 '프롤레타리아 독재'가 '프롤레타리아 민주주의'와 동일하다고 주장하였다. 1990년대 소련과 동유럽 사회주의가 몰락할 때에, 진보적 지식인들은 처음에는 스탈린*Joseph Stalin*의 악덕을 비난했고, 그 다음에는 레닌*Vladimir Lenin* 동상의 철거를 수긍했으며, 결국에는 마르크스의 원죄를 물었다.

마르크스는 프랑스혁명 초기의 주변 왕정국가에 둘러싸여 왕당파와 힘겹게 투쟁하는 부르주아 공화정의 과도적 정치체제를 '부르주아 독재'라고 불렀고, 거기서 '프롤레타리아 독재'의 영감을 얻었다. 마르크스는 1875년 고타 합동 대회에서 채택된 독일 사회주의노동자당의 강령을 비판하면서, "자본주의 사회와 공산주의 사회 사이에는 하나의 경제 질서로

카를 마르크스 (1818~1883)

부터 또 다른 경제 질서로 이행하는 혁명적 격변기가 가로놓여 있고, 이에 대응하는 정치적 과도기가 존재하는데, 이 시기의 국가는 프롤레타리아트의 혁명적 독재 이외에 다른 어떤 것일 수 없다."[13]고 하였다.

그 후 레닌은 그의 저서《국가와 혁명》에서 "프롤레타리아 독재는 부자를 위한 민주주의가 아니라 처음으로 빈자를 위한 민주주의, 인민을 위한 민주주의가 되는 그런 민주주의를 엄청나게 확장시키면서, 동시에 억압자, 착취자, 자본가의 자유에 대해 일련의 제한을 가한다."[14]고 함으로써 마르크스의 프롤레타리아 독재에 대한 개념을 정식화했다. 즉 레닌은 프롤레타리아와 노동하는 인민이 다수이므로 이러한 '다수에 의한 독재'는 민주주의와 같다고 생각했던 것이다. 그런데 문제는 실제 권력을 행사한 것은 인민 전체가 아닌 레닌과 그를 지지한 급진파 볼셰비키*Bol'sheviki* 중 몇몇이었다는 점이다. 프롤레타리아 독재는 소수 엘리트인 볼셰비키가 권력 행사를 주도함으로써 필연적으로 독재로 귀결될 수밖에 없었는데, 이러한 1당 독재는 급기야 '당의 무오류성'을 주장하는 신화로까지 비약되었다. 자신의 부패와 오류를 정정할 아무런 수단도 갖지 못한 그들은, 그들이 그토록 경멸해 마지않던 부르주아 민주주의보다 더 후진적인 정치체제로 타락하고 말았다.

결국 민주주의와 독재가 변증법적으로 통일되었다는 레닌의 주장은, 한 세기를 기망한 궤변으로 끝이 났다. 게다가 마르크스 레닌주의에서 시작하였으나 기형적으로 변형된 북한의 '김일성주의(주체사상)'는 사실상 '군주제'로 자기 체제를 확립하기에 이르렀다.

로베르트 미헬스*Robert Michels*는 "독재 개념은 민주주의 개념과 대립된다. 따라서 민주주의를 위하여 독재를 이용하려는 것은, 전쟁이 평화의 가장 유용한 무기요, 술이 알코올 중독의 치료제라고 말하는 것과 매한가지이다. 이는 또한 전체를 위한다는 명목으로 권력을 장악한 집단이 곧 그 권력을 멀리하게 될 것이라고 가정하는 것과 같다."[15]고 함으로써 프롤레타리아 독재론을 비판했다.

요컨대 독재가 옳지 않은 이유는 그 체제 아래에서는 지배 엘리트의 '부패 가능성'과 '오류 가능성'을 통제할 기회와 수단이 없기 때문이다. 그에 반해 민주주의의 본질은 각 개인의 정신적 비판능력을 강화하여 직접적인 참여를 촉발한다는 데에 있다. 그렇기 때문에 민주주의 체제는 군주정이나 과두정 혹은 독재정에 비해 기존의 지배 엘리트를 대체할 새로운 엘리트의 맹아가 '지배받는 자' 속에서 싹트는 것이 더욱 쉬운 정치체제이다. 따라서 민주주의 체제에서는 종전의 지배 체제에서보다 '좀 더 쉽게' 지배 엘리트의 부패 가능성과 오류 가능성을 통제할 수 있게 된다.

'혁명적 봉기로 사회를 변혁시킬 것인가, 아니면 의회정치로 변혁할 것인가?'라는 질문은, 마르크스가 살아 있었던 제1인터내셔널 이래 100여 년이 넘게 이어진 사회주의자들의 논쟁에서 핵심적인 주제였다. 그래서 이 논쟁을 '의회주의 논쟁'이라고 부른다.

20세기 초 레닌은 부르주아 의회에 참여했던 서유럽의 모든 사회주의자들을 '수정주의'로 몰아붙였다. 당시 서유럽의 사회주의자들이 제국주의 전쟁을 찬성하는, 그야말로 '해서는 안 될 잘못'을 저질렀기 때문이다. 레닌은 제국주의 전쟁을 반대함으로써 제국주의 전쟁과는 전혀 다른 논리를 가진 의회주의 논쟁에서까지 승리하게 되었다. 그 결과 레닌이 마르크스의 적자嫡子로서 마르크스주의를 계승하게 되었다.

20세기 말, 마르크스 레닌주의의 '폭력혁명론'을 실천한 소련과 동유럽 체제는 무너졌고, 결국 의회주의 논쟁은 너무도 어이없게 답을 찾았다. 혁명으로 프롤레타리아가 권력을 장악했다 하더라도, 여러 개의 정당들이 서로 경쟁하지 않으면 오류와 부패를 시정할 수 없다는 너무도 단순한 원리가 그 해답이었다. 프롤레타리아 정당이 노동계급을 대변한다고 자임하는 것만으로는 결코 자신들의 '도덕적 순결성'과 '지적 우월성'을 유지할 수 없었다.

1968년 '68혁명'으로 드골 정부가 의회를 해산한 이후 프랑스 사회당이 선거 참여를 선언한 것과 달리 프랑스 공산당은 계속적인 총파업과 혁명적 봉기를 주장하였다. 그런데 시민들은 봉기하지 않았고 모두 집으로 돌아갔다. 왜냐하면 혁명 이후에도 '대의제'는 여전히 유지될 수밖에 없으며, 종전의 의회주의를 대신할 만한 특별한 대의제 시스템이 따로 있는 것도 아니었기 때문이다. 당시 프랑스 공산당은 프랑스 인민들이 러시아혁명의 소비에트Soviet와 같은 것을 창조할 거라고 상상했는데 그것은 착각이었다.

제1차 러시아혁명기에 잠깐 동안 두마*Duma*라는 귀족 중심의 제국 의회(1906~1917)가 있었지만, 소비에트는 그 이전에 '제대로 된' 대의제 시스템이 없었기 때문에 생겼던 것이다. 또한 그것은 '서로 경쟁하는 정당 구조'조차 담지 못했던 초보적인 대의 기구에 불과하여 모방할 만한 것도 못 되었다.

'폭력혁명론'과 '프롤레타리아 독재론'은 의회민주주의를 '부르주아적 협잡'이라고 혐오했던 마르크스의 착오였다. 스스로 프롤레타리아계급을 위한 정당이라고 선언한다고 해서, 결코 타락하지 않거나 오류를 저지르지 않는 정치를 할 수 있는 게 아니다. 마치 플라톤이나 아리스토텔레스가 도덕적으로나 지적으로 우월한 '철인哲人에 의한 정치'를 꿈꾸었던 것과 별반 다를 게 없다.

애초에 대의제 시스템이 없었던 곳에서만 혁명적 봉기가 일어났다는 점에서, 의회 민주주의 외에 또 다른 대의제도가 있을 수 없다는 사실을 인정했어야 했다. 또한 설령 프롤레타리아 정당만이 의회에 남게 되더라도, 여러 정치집단이 서로 나뉘어 경쟁할 수 있게 했어야 했다. 부패와 오류를 바로잡을 수 있는 방법은 그것뿐이기 때문이다. 오로지 '경쟁하는' 의회민주주의의 토대에서만 지배 엘리트의 교체가 '평화적으로' 이루어진다. 민주주의 체제가 아닌 정치체제에서 지배 엘리트의 교체는 반드시 '폭력적 방식으로' 이루어졌다는 것을 역사는 증명하고 있다. 아이러니하게도 현재, 혁명의 가능성이 있는 나라는 중국과 북한이다. 왜냐하면 그들의 시스템에서는 지배 권력을 평화적으로 교체할 수 있는 방법이 없기 때문이다. 그들이 자신들의 체제가 자본주의를 대체한 것이라고 스스로 선언한다고 하더라도, 그것은 그들만의 착각일 뿐이다.

3) 제도 비교를 위한 판단 기준 — 어떤 제도가 '좀 더 쉽게' 지배자를 교체할 수 있는가?

역사가들은 지금까지의 역사를 '왕과 영웅들의 역사'로 기술하여 왔다. 반면 생디칼리슴, 아나키즘, 블랑키즘, 마르크시즘과 같이 '피지배계급을 위한 이데올로기'라고 스스로를 표방했던 수많은 '인민주의'들은 지금까지 인류의 역사를 '피지배 인민의 계급투쟁의 역사'라고 주장한다. 하지만 과거 역사에서 인민이 수동적인 피지배자였다는 사실을 왜곡해서는 안 된다. 물론 피지배 인민이 주권자로서 존중받아야 함은 당연하지만 그렇다고 해서 역사를 왜곡하거나 과장해서는 안 된다.

지금까지의 역사는 피지배자들에 대한 지배권을 상실한 종전의 지배계급에 대항하여, 새로운 엘리트가 새로운 지배권을 획득해 가는 과정이었다. 그리고 대중의 능동성은 새로운 지배 엘리트의 '혁명의 도구'로 사용되는 한도에서만 그 의미를 가졌다는 점을 직시해야 한다. 예를 들어 프랑스혁명의 주체는 제3신분인 부르주아였고, 그들이 사용했던 동력은 '상퀼로트*Sans-culotte*'였다. 사회적으로는 도시의 소시민이었고, 정치적으로는 과격 공화파였던 상퀼로트는 위기에 처한 혁명을 진전시켰고, 마침내 공화국 건설에 큰 기여를 하였다. 그러나 혁명의 열매는 부르주아가 차지했다. 1917년 러시아혁명에서도 혁명의 주체는 볼셰비키와 사회혁명당의 엘리트들이었고, 혁명의 동력이자 도구는 소비에트의 프롤레타리아와 농민이었다. 그리고 혁명의 열매는 볼셰비키가 차지했다.

혁명의 시대보다 민주주의가 더 진전된 지금도 마찬가지로, 피지배자들이 가지고 있는 권리는 '투표권'밖에 없다. 도대체 이렇게 무기력하기 짝이 없는 우리의 민주주의가 어떻게 하면 발전할 수 있을까? 그것은 우리가 가지고 있는 유일한 권리인 '보통선거권', 즉 '4년에 한 번 행사하는 투표권'을 가장 극대화하는 방법을 찾는 것 말고 다른 방법이 없다. 그리고 이것은 앞서 제기했던 '엘리트 지배를 어떻게 통제할 것인가?'라는 문제의 해답이기도 하다.

지배받는 입장에서 엘리트를 통제하는 방법은 그들로 하여금 '서로 경쟁하게 하는 것'이다. 그래야 지배 엘리트가 부패와 오류를 저지를 경우에 새로운 엘리트로 교체할 수가 있다. 이것은 지금 제도에서도 가능한 일이므로 지금 우리의 과제는 단지 지배 엘리트를 바꾸는 것을 넘어서, 그런 교체를 이전보다 '좀 더 쉽게' 만드는 것이다. '좀 더 쉬운' 저배자의 교체 가능성. 이것이 바로 피지배자 정치학의 키워드이자 민주주의 발전의 정도를 가늠하는 척도이다.

한편 여기서 말하는 지배 엘리트는 '자연인'으로서의 지도자가 아니라 '지배 정당'이어야 한다. 왜냐하면 지금까지의 지배 엘리트들은 자연인으로서의 '지도자'가 퇴진함으로써 정치적 책임이 종결된 것처럼 우리를 기만하여 왔기 때문이다. 지금까지 우리는 '실패한 정치인'을 쫓아냈을 뿐, '실패한 정당' 자체를 축출하지는 못했다. 대한민국의 정당들은 정책 실패와 부패 스캔들 이후에도 새로운 대통령 후보를 내세워 재집권을 해왔다. 정권이 바뀌어 야당이 집권하더라도 그것은 집권당의 실패 때문이지 그들이 과거에 가졌던 오류를 수정했기 때문이 아니었다. 이제 공약을 지키지 않는 정당, 부패한 정당, 정책에서 실패한 정당을 축출해야 한다. 실패한 정당을 축출해야만 진정으로 지배자의 교체가 이루어진다.

이와 같은 의미에서 〈지배 정당을 '좀 더 쉽게' 교체할 가능성〉, 다시 말해서 〈어떤 제도가 '좀 더 쉽게' 지배 정당을 교체할 수 있는가〉를 기준으로 각 제도들을 검토할 것이다. 왜냐하면 피지배자 입장에서 실패한 지배자를 통제하는 방법은 새로운 정당으로 종전의 지배 정당을 교체하는 방법밖에 없기 때문이다. 만약 실패한 지배자가 '선의로' 자신의 오류를 수정하기를 기대한다면, 우리는 새로 즉위한 왕이 폭군이 아닌 성군이 되기를 기원하는 '군주제 아래의 신민'과 다를 바 없다. 지금까지 인류의 지성사가 고안해 낸 통치 구조 중에서, 피지배자의 입장에 그나마 부합하는 게 무엇인지를 밝혀내야 한다. 그리하여 피지배자가 정치 선동의 대상이 되어 영웅을 추종하며 헛된 희망을 품었다가 실망하기를 반복했던 역사로부터 벗어나야 한다.

밀이 《자유론》에서 상상했던 "국가의 여러 행정관리들을, 자신의 의사에 따라 교체할 수 있는 소작인이나 대리인처럼 만드는 것", "지배자들로 하여금 국민에게 효과적으로 책임지게 하고, 국민에 의해 신속히 해임될 수 있게 하는 것"[16]을 실현함으로써 비로소 제대로 된 민주주의를 이룰 수 있다. 요컨대 실패한 지배자를 '좀 더 쉽게 교체하는 방법'을 발전시키는 것이 바로 민주주의가 진화하는 방향이 되어야 한다. 그렇게 하지 않으면 인류는 동굴 속에서 벌벌 떨면서 '또 다른 프로메테우스'가 불을 가져다주길 기다리는 신세에서 벗어나지 못할 것이다.

4) 제도 비교를 위한 판단 기준의 근거

정치제도를 비교하고 분석하는 데에 있어서 정치적 안정, 정부의 지속성 또는 효율성 그리고 정책 결정의 신속성과 시민의 통합 등 여러 가지 기준과 지표가 있을 수 있다. 이런 여러 기준보다 앞서 언급했던 '지배 엘리트의 교체 가능성', 즉 〈지배 정당을 '좀 더 쉽게' 교체할 가능성〉이라는 기준을 가장 우선적인 기준으로 내세운 근거는 무엇일까?

"민주주의는 결코 비용의 문제가 아니며, 자유와 민주주의는 경제성장과 저울질의 대상이 되어서는 안 된다."[17]는 알렉산더 페트링*Alexander Petring*의 말을 차용한다면, 같은 논리로 민주주의는 정치의 안정이나 효율성을 이유로 유보될 수 없다. 즉 실패한 지배 정당을 교체하지 않고서 확보된 정치적 안정과 효율성은 '진정한 안정'이 아니며 '진정한 효율'일 수 없다.

자유당, 공화당, 민정당, 민자당, 한나라당, 새누리당, 자유한국당의 이름으로 무능력하고 부패한 지배 정당이 계속 정치를 주도해 온 우리의 현실에서, '정치적 안정'이나 '정부의 효율성'이라는 말은 실제로는 민주주의의 정체停滯를 의미할 뿐이다. 그들은 미국식 양당체제와 유사한 적대적 공존 체제를 이용하여 우리의 유권자들에게 맹목적인 진보와 보수의 대결 구도를 심어 놓았다. 이런 정치적 환경과 지금의 제도에서라면 그들은 언제든지 다시 집권할 수 있을 것이다. 이제라도 무능력하고 부패한 지배 정당을 정치판에서 축출하지 못한 채 이루어지는 정치적 안정은 '지배의 안정'에 불과하다는 사실을 직시해야 한다.

이런 이유로 '지배 정당의 교체 가능성', 다시 말해서 〈지배 정당을 '좀 더 쉽게' 교체할 가능성〉을 첫째 기준으로 각 제도를 비교할 것이다. 그리고 다음으로 정치적 안정성, 내각의 지속성과 효율성, 정책 결정의 신속성과 시민의 통합 등을 기준으로 추가적인 검토를 할 것이다.

2장 _ 양당체제 분석

양당체제의 목적은 '정치의 안정'인가? '지배의 안정'인가?

1) 정당이 스스로 개혁할 수 없는 이유

공적 업무의 분화로 관료제가 시행되고, 그런 관료제를 관리하기 위해 전문성을 갖춘 정치 엘리트가 필요하게 되었다. 이렇듯 전문화된 지배 집단의 불가피성과 지도자의 지배 욕구 그리고 대중의 숭배는 모든 조직이 갖고 있는 근본적인 경향이다.

국가 또는 정부가 소수의 지배 엘리트에 의한 과두제적인 경향을 띠는 것처럼 정당 또한 마찬가지이다. 그런데 정당의 '과두제적 경향'은 국가 또는 정부의 경우보다 훨씬 더 고착적인 특성을 띤다. 왜냐하면 정당이 스스로 변화하는 것이 국가 또는 정부가 바뀌는 것보다 더 어렵기 때문이다. 국가 또는 정부는 집권당에 반대하는 야당의 도전, 언론과 사회단체의 비판 그리고 국민들의 저항에 항시 노출되어 있지만, 정당은 그런 외부로부터의 충격을 차단할 수 있기 때문이다. 정당의 성격을 대표하는 '통일된 신념'

이 차단막이 되어 주는 것이다.

정당에 있어서 외부, 즉 반대당이나 언론 또는 사회단체의 공격은 오히려 내부의 결집을 유도할 뿐이다. 결국 정당의 변화와 개혁은 내부에서 이루어질 수밖에 없는데, 하급 당원이 지도자에 대해 저항하는 것으로만 가능하다. 그러나 정당의 신념이 사실상 지도자의 신념과 동일하다는 점에서, 무기력한 하급 당원에 의해 정당의 개혁이 이루어지는 것은 현실적으로 불가능하다. 그렇다고 새로운 엘리트의 충원으로 정당을 변화시킬 수도 없다. 왜냐하면 새로운 엘리트가 그 정당에 진입하려면 종전의 지도자로부터 '공천'이라는 방식으로 승인을 받아야 하기 때문이다. 새로운 엘리트는 종전의 지도자에 종속될 뿐 그를 개혁하지 못한다. 결국 개혁파가 그 정당에서 '분당'을 하거나 아니면 새로운 정당이 그 정당의 지배권을 박탈하는 것 외에는 어떤 정당이 스스로 자신을 개혁하는 것은 대단히 어렵다.

이것은 보수적인 정당뿐만 아니라 스스로 민주적이라고 자부하는 진보적인 정당이라도 마찬가지이다. '정당의 과두제적 경향'을 주장했던 로베르트 미헬스는 《정당론》의 초판 서문에서, "좌파 민주주의 정당들과 사회주의 정당들을 대상으로 한 까닭은 '의도적인 흉계'에서 비롯된 것이 아니라, 이 책이 제기한 물음에 대하여 우익 정당의 분석 결과를 증거로 삼는다면 작업은 용이할지 몰라도 학문적으로는 용납될 수 없을 것이고, 따라서 증거능력이 손상되었을 것이기 때문이다."[18]라고 하였다. 즉 '우익 정당'뿐 아니라 '좌파 민주주의 정당' 역시 '과두제의 철칙*iron law of oligarchy*'으로 부터 자유롭지 못하다는 것이다.

2) 과두 독재와 닮은 양당체제

양당체제의 우월성을 강조했던 지오반니 사르토리*Giovanni Sartori*는 양당체제 아래에서 ①구심성을 갖는 온건한 경쟁이 이루어지며, ②선거 결과로 과반수 이상의 지지를 받는 정당이 단독정부를 구성함으로써 안정되고 효율적인 국정 운영을 수행하고, ③두 정당이 내세우는 대안적인 공공 정책에 대한 유권자의 선택이 용이하며, ④단일 정당 정부의 구성에 의해 책임성의 소재가 명확하기 때문에 그 결과 양당체제가 정치적 안정성과 민주주의에 대한 긍정적 영향을 미친다고 보았다.[19]

2016년 미국 대선에서 '민주적 사회주의자'를 자처했던 버니 샌더스*Bernie Sanders* 무소속 상원 의원이 민주당 경선에 뛰어들었다. 힐러리 클린턴*Hillary Rodham Clinton*에 맞섰던 74세의 그는 "우리는 세계 역사상 가장 부유한 나라에 살고 있지만 그런 현실은 별 의미가 없다. 상위 0.1%가 소유한 부가 하위 90%의 부를 모두 합친 것과 맞먹고, 한 집안(월마트 소유주인 월턴 家)이 소득 하위 1억3천만 명보다 많은 부를 소유하는 사회는 뭔가 크게 문제가 있는 사회다."라고 말했다.

2016년 미국 대통령 선거 홍보용 배지

버니 샌더스는 힐러리 클린턴을 상대로 22개 주에서 승리했으며, 전체 대의원 4,765명 중 39.5%의 지지를 얻었다. 경선 초반 전국 지지율이 3%에 불과했던 사실을 떠올리면, 놀라운 결과가 아닐 수 없다. 하지만 필라델피아에서 열렸던 민주당 전당대회에서 최종 승자는 힐러리 클린턴으로 결정되었다. 그리고 그 후 본선에서는 공화당의 도널드 트럼프*Donald Trump*가 제45대 미국 대통령으로 당선되었다.

그런데 이후 버니 샌더스에게 그의 지지자들과 미국 좌파 그룹은 독자적 정치 세력화를 요구하였다. 과연 샌더스의 독자적 정치 세력화는 가능한 것일까? 공화당과 민주당이라는 전형적인 양당체제인 미국에서 그것은 어떤 의미를 가지고 있을까?

미국식 대통령제에 맞물린 미국 양당체제의 대표적인 특징은 '2기 집권 공식'이다. 최근 40년 동안 미국 대통령의 임기를 살펴

보면, 민주당의 지미 카터$^{Jimmy\ Carter}$(재임 기간 1977~1981)와 공화당의 조지 허버트 부시$^{George\ Herbert\ Walker\ Bush}$(재임 기간 1989~1993)만이 재임에 실패했다. 즉 거의 대부분 8년 간격으로 민주당과 공화당이 번갈아 2기씩 집권하였다. 1987년 이후 우리의 대통령제도 비슷하게 10년 간격으로 '2기 집권 공식'이 정착되고 있다.

미국 정치사에서 2기 이상 집권한 사례는 3선을 했던 32대 프랭클린 루스벨트$^{Franklin\ Delano\ Roosevelt}$(재임 기간 1933~1945)와 재선에 성공한 40대 로널드 레이건$^{Ronald\ Wilson\ Reagan}$(재임 기간 1981~1989)에 이어 41대 조지 허버트 부시(재임 기간 1989~1993)가 당선됨으로써 공화당이 '3기 집권'을 했던 단 두 번뿐이다. 대부분 크게 실정을 하지 않는 한 재선에 성공하였다. 부시의 재선 실패는 이미 3기를 집권한 공화당에 대한 유권자들의 피로도가 심해진 탓이 가장 컸다.

일본의 경우에는 자민당을 지지하는 유권자가 압도적이지만, 미국 유권자 중에는 정당 일체감을 가지지 않는 스윙 보터$^{Swing\ Voter}$의 숫자가 상당하다. 민주당 강세 지역을 블루 스테이트, 공화당 강세 지역을 레드 스테이트, 민주당과 공화당에 대하여 교차 투표가 이루어지는 곳을 스윙 스테이트라고 부르며, 퍼플 스테이트라고도 한다. 미국의 50개 주 중 오하이오, 플로리다, 뉴햄프셔 등 약 10개 주가 퍼플 스테이트에 해당한다. 바로 이 퍼플 스테이트가 선거의 관건이다. 스윙 보터의 표를 더 많이 획득하는 정당이 집권에 성공했기 때문이다. 따라서 미국의 양당체제에서 '2기 집

권 공식'의 기반은 '부동층' 또는 '중도층'에 해당하는 '스윙 보터'
에 있다고 보아야 한다.

이렇듯 양당체제에 그나마 긴장감을 불어넣는 것이 '스윙 보터'
이다. 그러나 여전히 양당체제에서는 그들이 선택할 수 있는 대
상이 제한되어 있기 때문에 결국 근본적인 한계에 부딪힐 수밖에
없다. 특정 지도자 혹은 특정 정당을 추종하지 않는다고 하더라
도, 결국 두 개 중에 하나를 선택할 수밖에 없으므로 본질적인 변
화를 꾀할 수 없는 것이다. 부패나 오류를 저지른 정당을 정치판
에서 아예 축출하거나, 축출하지는 못하더라도 적어도 그 세력을
약화시키고 새로운 정당으로 대체할 수 있어야 그들을 통제할 수
있다. 양당체제에서는 잠깐 동안 지배권이 이동할 뿐 그들의 개혁
을 기대할 수 없다.

요컨대 양당체제는 지배 정당의 부패와 오류를 수정할 방법이
없다는 결정적인 문제를 가지고 있다. 집권당이 부패와 오류를 저
지르면 반대당이 집권하며, 그 당이 또 실패하면, 또다시 상대 당
이 집권하는 식으로 서로 정권을 주고받으며 순환할 뿐이다.

양당체제 아래에서의 집권은 '이전 집권당의 실패' 때문이지,
자신이 과거에 저질렀던 오류를 시정했기 때문이 아니다. 이것은
제3당의 진입을 차단한 두 거대 정당의 '배타적 과두 독점'의 결
과이다. 따라서 양당체제 상태에서는 정당의 정책 실패를 피지배
자들이 통제할 방법이 전혀 없으며, 정책 오류의 수정 여부는 전
적으로 정당의 '자의'에 달려 있다. 결국 정당이 선의로 자신의 문

제를 스스로 정화하지 않으면, 정책 실패와 오류를 근본적으로 해결할 방법이 없다는 것이다.

고착된 과두정의 경향이 있는 두 거대 정당이 서로 번갈아 가며 집권하는 것을 '경쟁에 의한 책임정치의 실현'이라고 한 지오반느 사르토리의 평가는 과장을 넘어선 왜곡이다. 양당체제는 제3당의 진입을 차단하고 자기들끼리 정치를 독점한다는 점에서 실질적으로 '과두 집단의 독재'와 다를 게 없다. 또한 이런 '과두 집단의 독재'는 그 본질과 영향에 있어서 '1인 독재'와 근본적으로 다르지 않다. 두 거대 정당의 배타적 정치 독점은 민주주의라는 '선량한 가면'을 쓴 채 새로운 정치 세력의 참여를 배제한다는 점에서 위선적이며, '1인 독재'만큼이나 위험하다. 또한 그들의 과두 독점은 서로를 지독히 경멸하고 반대하면서도, 서로의 존재를 필요로 하는 '적대적 공존敵對的 共存'의 형태를 띤다는 점에서 기만적이다. 그들은 자신들을 지지하는 대중으로 하여금 반대당을 적대하도록 유도하고, 이로써 자신들에 대한 숭배와 추종을 더욱 강화시켜 나간다. 이렇게 거대 양당은 '적대적 공생 관계'를 유지하면서 릴레이 게임을 한다. 집권할 때마다 그들은 '국민의 승리'라고 외치지만, 승리한 것은 '그들'이고, 승리했다고 착각하는 것은 '그들의 추종자들'일 뿐이다.

다음은 미국 내에서 공화당과 민주당을 비판하는 진보 세력이 2016년 7월 민주당 전당대회를 앞두고 버니 샌더스에게 독자적 정치 세력화를 제안하는 인터뷰 기사이다.

우리는 미국 역사의 갈림길에 서 있다. 우리는 진행 중인 네오파시즘(트럼프), 쇠퇴하고 있는 신자유주의(클린턴), 부상하고 있는 신민중주의(샌더스) 사이에서 선택해야 한다. 민주당과 공화당 모두 붕괴하고 있다. 오바마는 카터 이래 1970년대 중반 세계경제의 구조적 위기에 대한 거대한 응답으로 부상한 신자유주의의 마지막 대리인이다. 경제, 교육, 안보와 통신부터 깊은 문제에 이르기까지 우리의 방식을 금융화, 사유화, 군사화한 이 시도는 광대한 부의 불평등, 얄팍한 스펙터클의 문화와 모든 영역에 깊이 밴 부패를 양산했다. 양당 모두가 공모하고 있다. 7월, 샌더스 캠페인이 어떻게 간주되는지 그리고 우리 비판적인 샌더스 지지자들이 7월 이후 무엇을 할 것인지에 많은 것이 달려 있다.[20]

스스로를 샌더스주의자라는 뜻으로 '샌더니스타*Sandernista*'라고 부르는 일반 열성 지지자들은 새 정당 창당과 독자 출마를 호소하고, 미국 녹색당 대선 후보 질 스타인*Jill Stein*은 버니 샌더스에게 민주당의 한계를 지적하며 민주당 탈퇴와 독자적 정치 세력화 및 선거 연대를 제안하였다. 샌더스를 비판적으로 지지해 왔던 정당 '사회주의대안' 출신 시애틀 시의원 크샤마 샤완트*Kshama Sawant*도 샌더스에게 '99%의 정당'을 만들자고 제안했다.[21]

그런데 과연 버니 샌더스와 샌더스의 지지자들은 독자적인 정치 세력화에 성공할 수 있을까? 그들의 시도에 동의와 찬사를 보내는 것과 별개로, 현재 미국의 대통령제와 양당체제 아래에서라면 안타깝게도 그들의 독자적 정치 세력화는 절대적으로 불가능하다고 단언할 수밖에 없다. 샌더스를 지지하는 미국 좌파 정치조직들 중에서, 예를 들어 사회주의 잡지 '자코뱅', 좌파 정당인 녹색당과 사회주의대안, 진보 단체인 '솔리대러티*Solidarity*'와 '가난한 사람들의 경제 인권*Poor Peoples' Economic Human Rights*' 등 어떤 그룹도 현재 미국의 대통령제와 양당체제의 근본적 한계를 인식하지 못하고 있다. 정당체제와 선거제도 그리고 통치 구조의 변화가 있지 않으면, 대통령중심제에 결합된 양당체제 아래에서 제3의 세력인 그들이 의회에 진출하기 어렵다는 것을 아직도 모르고 있다. 설령 소수의 의원이 하원에 진출한다고 하더라도, 대통령 선거에서는 전략적 투표로 인하여 그들의 후보가 대통령에 당선될 가능성이 거의 없기 때문에, 그들은 결코 지배적인 정당으로 자리 잡지 못하고 결국 소멸하게 될 것이다.

미국 헌법이 '2개의 성당'만을 인정하는 것은 아니다. 그러나 정당 결사의 자유가 보장됨에도 불구하고 지금까지 숱한 제3당, 제4당이 소멸하여 왔다는 역사적 사실을 기억해야 한다. 대통령제의 승자 독식 구조는 당선 가능성을 이유로 제3당, 제4당의 지지자들로 하여금 제1당이나 제2당의 후보에게 투표하도록 강요해 왔다. 예를 들어 케네디(민주당)와 닉슨(공화당)이 대결했던 1960년 미국 대통령 선거에서 사회노동당, 주권당, 입헌당 등의 정당에서 출마한 후보들도 있었다는 사실을 아는 사람은 많지 않다. 그 정당들은 미국 대통령제의 승자 독식 구조에 따른 양당체제 아래에서 흔적도 없이 사라졌고, 현재 미국 국민 대부분이 거의 기억하지 못한다.

현재 미국 정치에서, 민주당과 공화당이 스스로 변화를 시도하지 않는 한, 유권자들은 그들의 정책적 개혁을 강제할 방법이 전혀 없다. 오바마가 트럼프보다 '훨씬 더 선량한 지배자'인 것은 맞지만, 민주당 의원 역시 공화당 의원과 마찬가지로 미국 사회의 상류층이자 지배 엘리트라는 사실을 외면해서는 안 된다. 만약 미국에서 공화당과 민주당의 양당체제를 깨트리는 시스템이 만들어지고, 그렇게 해서 공화당과 민주당 사이에서 경쟁하는 새로운 정당이 나타난다면, 그 정당은 종전에 오바마가 했던 것보다 훨씬 더 많은 일을 할 수 있을 것이다.

오바마가 미국 국민들에게 "변화를 기다리는 그대여, 이제 그대가 변할 때가 된 것 같습니다. 그 변화를 통해 새로운 기회를 쟁취합시다."라는 말을 한 적이 있다. 여기서 "그대가 변할 때"라는 말은 많은 뜻을 가지고 있지만, 가장 중요한 의미는 '민주당에게 투표하라는 것'이다. 하지만 민주당에 투표하는 것보다 양당체제를 폐지하고 새로운 정당이 좀 더 쉽게 태어날 수 있는 헌법적 시스템을 만드는 것이 미국 국민들에게 더 중요한 변화가 될 것이라는 사실을 오바마는 과연 알고 있었을까?

과학적 인식의 오류 중 하나는 비동시적 사례를 동일 평면에서 비교하는 것이다. 그런 뜻에서 정치적 안정을 위해서는 양당체제가 우월하다는 지오반니 사르토리의 지적이 유의미했던 시대가 있었다는 사실을 부인해서는 안 된다. 보통 '정당의 난립'이라고 표현되는 프랑스 제3공화국(1870~1940)과 제4공화국(1946~1958)이 대표적인 사례이다. 제3공화국의 경우에 1872년부터 1928년까지 무려 68개의 내각이 들어섰다. 그 이유는 사회당을 제외한 나머지 정당들이 정당으로서의 정체성이나 일관성이 약한 탓에 정파 간 이합집산이 잦아서, 그만큼 정부의 구성과 지속도 불안정했기 때문이었다.[22] 한편 제4공화국의 경우에도, 1951년 선거에서 급진 좌파인 공산당이 25.9% 그리고 드골주의 정당이라 불리는 급진 우파 RPF(프랑스국민연합)가 21.7%를 득표하여 이들 두 과격 정당이 47.6%를 차지하였던 것처럼, 급진 좌파와 급진 우파가 의회 내에서 다수 의석을 차지하고 있어서 중도의 '제3세력'이 다른 정당을 설득하여 의회 내 과반의 지지를 이끌어 내기 어려웠기 때문이다.[23]

사르토리는 이런 사례를 모델로 양당체제의 우수성을 설명했던 것이다. 하지만 위와 같은 상황은 적대적 투쟁이 아닌 합의에 의한 정치 모델을 발전시키고, 국민들의 주권 의식을 고양시켜 극단적인 정당을 배척하게 함으로써 해결할 수 있는 문제이지 제3세력의 태동 자체를 억제하는 양당체제로 대체할 문제가 아니다.

요컨대 〈지배 정당을 '좀 더 쉽게' 교체할 가능성〉이라는 기준에서, 양당체제는 1인 독재와 실질적으로 다를 바 없는 '과두 독재'이다. 사르토리가 말했던 '양당체제에서의 정치 안정'은 '지배의 안정'을 뜻할 뿐이다. 주기적으로 지배권을 교환하는 양당체제의 정치는 '귀족정'의 성격을 가지게 되고, 양대 지배 정당의 직업 정치인들은 '과두정의 귀족'과 유사해진다.

분명 다당체제가 정치적 불안정으로 귀결되었던 시대가 있었지만, 그것은 양당체제가 우월해서가 아니라 근본적으로 주권자의 민주적 수준이 낮았기 때문이다. 그런 뜻에서 사르토리의 지적이 유의미했던 시대가 있었지만, 중요한 것은 사르토리의 세계관은 '정치적 선택의 다양성'이라는 민주주의의 발전 경로에 반하고, 사회적 다원주의로 향해 가는 인류 문명의 진보의 방향에 역행한다는 사실이다.

3장 _ 선거제도 분석

나쁜 선거제도와 좀 더 나은 선거제도의 구분

1) 완벽한 투표는 없다 ― '투표의 역설'과 '불가능성의 정리'

투표의 역설

'투표의 역설'은 18세기 말 프랑스대혁명 시대의 철학자이자 수학자 콩도르세*M. Condorcet*가 발견한, 다수결 방식의 투표를 통해서는 명백한 승자를 뽑을 수 없다는 것을 수학적으로 증명한 역설로, '콩도르세 역설'이라고도 불린다.

예를 들어 투표자 3인 P1, P2, P3가 후보자 3인 A, B, C 중에서 선택을 한다고 하자. 각 후보에 대한 투표자 3인의 선호도는 〈표1〉과 같은데, 이 상태로는 서로 다른 후보를 가장 선호하므로, 마치 '가위 바위 보'에서 모두 다른 것을 낸 경우처럼, 결론을 도출할 수가 없다.

〈표2〉는 후보자를 둘씩 묶어 비교한 것이다. 역시 후보 간의 순위를 정할 수 없는 상황이 되므로 결론을 도출할 수가 없다.

	투표자 선호도
투표자 P1	A 〉B 〉C
투표자 P2	B 〉C 〉A
투표자 P3	C 〉A 〉B

〈표1〉

	당선자 (득표)	**낙선자 (득표)**
A vs B	A (P1, P3)	B (P2)
B vs C	B (P1, P2)	C (P3)
C vs A	C (P2, P3)	A (P1)

〈표2〉

　콩도르세의 역설에서 예로 들었던 방식 말고도 다수결의 원리에 입각한 투표제도는 많이 있다. 1위가 승리하는 단순 다수 대표제, 상위 후보자만 다시 선거를 하는 결선투표제, 복수의 대안에게 1표씩을 줄 수 있는 승인투표제, 선호 순위를 반영하는 보다 *Borda* 방식 등이 모두 다수결 방식을 적용한 제도이다. 문제는 이러한 다수결 방식 중에서 어떤 방식을 선택하느냐에 따라 그에 따른 결과도 가변적이라는 사실이다. 투표가 모든 사회 구성원들의 사회적 선호를 왜곡 없이 그대로 반영하려면 어떤 투표 방식을 적용하여도 같은 결과가 나와야 한다. 그러나 콩도르세의 역설에서 알 수 있듯이 그것은 불가능하다. 결국 투표제도로는 모든 사회 구성원들의 사회적 선호를 그대로 반영할 수 없다는 결론이 나온다.

불가능성의 정리

미국의 경제학자 케네스 애로*Keneth Arrow*는 완벽한 투표 방식이 갖추어야 할 다섯 가지 조건을 제시하였다.

①투표 결과 전체 후보의 순위를 결정할 수 있어야 한다.

②투표 결과는 오로지 각 유권자의 선호도 순서에 의해서만 결정된다.

③모든 유권자가 후보 A를 후보 B보다 더 선호한다면, 최종 결과에서도 후보 A가 후보 B를 이겨야 한다.

④최종 결과에서 후보 A가 후보 B를 앞설 때, 다른 후보 C가 추가되거나 삭제되어도 여전히 후보 A는 후보 B보다 앞서야 한다.

⑤혼자서 투표의 결과를 뒤집을 수 있는 독재자가 없어야 한다. [24]

위 조건들은 너무나 평범하게 보여 당연히 다섯 개의 조건 모두 만족하는 완벽한 투표 방식이 존재할 것 같다. 하지만 애로는 위 조건을 모두 만족하는 투표 방식이 절대로 존재할 수 없음을 증명해 보였는데, 그것이 바로 '일반적 불가능성의 정리*general impossible theorem*'이다. 쉽게 말해 다양한 선호를 언제든지 일관되게 취합할 수 있는 완벽한 투표 방식은 이론적으로 존재하지 않는다는 것이다.

2) 단순 다수 대표제와 소선거구제 — 전략적 투표의 문제점

'투표의 역설'과 '불가능성의 정리'를 통해 증명된 것처럼, 사회 구성원들의 사회적 선호를 '투표와 선거'라는 과정을 거쳐 실제 세계에서 재현하는 선거제도는 찾기 어렵다고 치자. 하지만 그렇다고 해서 '좀 더 나은 선거제도'마저도 찾을 수 없는 것일까? 그렇지 않다. 우리에게 있어서 '사회적 선호의 선택'보다도 '지배 세력의 교체 가능성'이 더 중요하다는 점을 떠올려야 한다. 콩도르세와 애로가 설정했던 '사회적 선호의 선택'이라는 전제로부터 벗어나 새로운 출발점에 서야 한다.

완벽한 투표 방식이 존재하지 않는다는 사실을 인정할 수밖에 없더라도 우리는 현재의 지배 체제를 '좀 더 쉽게 바꿀 수 있는' 투표제도를 찾을 수 있다. 거꾸로 말하면 현재의 지배 체제를 '고착화시키는' 투표제도를 찾아내고, 그 제도를 배척하는 방향으로 선거제도와 통치 구조를 개혁할 수 있다.

2005년 영국 총선에서 노동당은 전체 투표 중 불과 35.3%만 득표하고도 55.1%의 의석을 차지했다. 지지율과 의석 배정이 일치하지 않는 것으로, 각 선거구에서 2위 이하 후보의 득표가 의석 배정에 전혀 반영되지 않아 나타난 현상이다. 단순 다수 대표제(최다 득표제)가 그 원인이다.

2017년 10월 22일 일본 중의원 총선거에서 아베 신조의 자민당은 전체 표의 48%에 해당하는 2,672만 표를 얻었음에도 의석은 전체 289석 중 75%인 218석을 얻었다. 투표율이 53.68%였으므로 자민당이 얻은 실제 지지율은 25%에 불과했던 것이다. 그런데도 압도적인 승리를 거두었다고 스스로 평가하였다.

우리나라도 마찬가지이다. 참여연대의 발표에 의하면, "2016년 4월 13일에 있었던 20대 총선 결과, 투표하고도 의석에 반영되지 않은 유권자의 표가 50.3%에 이르러 득표와 의석 간 불비례성이 이전 선거보다 더 악화됐다."[25]고 한다. 19대 국회에서 새누리당의 총선 득표율은 42.8%에 불과했음에도 총 의석수의 50.7%에 해당하는 152석을 차지하여 재적 과반수를 넘겼다. 그리고 2016년 20대 총선에서 더불어민주당은 전체 25.54%를 득표하는 데 그쳤지만 의석은 이보다 15.46% 포인트 높은 41%에 해당하는 123석을 가져가 원내 1당으로 올라섰다.

이렇듯 단순 다수 대표제의 결과는 거대 정당에 유리하다. 실제로 영국의 보수당과 노동당은 오랫동안 비례대표제를 반대해 왔고, 적은 투표수로 다수 의석을 차지할 수 있는 단순 다수 대표제를 옹호해 왔다. 서로 적대하는 두 거대 정당이 유일하게 합의하는 영역이 바로 선거제도인 것이다.

이러한 단순 다수 대표제가 지역구에서 '한 명'만을 선출하는 소선거구제와 결합하면, 합리적으로 생각하는 유권자는 자신이 선호하는 정당의 후보보다 '당선 가능성이 높은 후보'에 투표하게 된다. 이로써 제3당의 발전이 억제되고, 유권자의 표는 당선 가능성이 높은 양대 정당에게 집중된다. 이런 현상에 관하여 프랑스의 정치학자 모리스 뒤베르제*Maurice Duverger*는 "단순 다수 대표제가 양당체제를 가져오고, 비례대표제가 다당체제를 가져온다."고 지적하였다. 이 법칙을 '뒤베르제 법칙'이라고 부른다.

뒤베르제 법칙에 대해서는 많은 논란이 있지만, 양당체제에서 단순 다수 대표제와 소선거구제를 채택하는 것이 유권자의 의사를 심각하게 왜곡한다는 것만은 분명한 사실이다.

여기서 문제되는 것이 이른바 '전략적 투표' 현상이다. 선거에서 후보가 3인 이상일 때, 투표자가 자신의 의사를 그대로 표명하지 않고 상대적인 의미에서 차선의 결과에 투표하는 것을 말한다. 투표자가 자신의 표가 '사표死票'가 되는 것을 막기 위해 자신의 의사를 왜곡하는 것으로, 한국 정치에서 유권자 입장에서는 '비판적 지지론', 정당의 입장에서는 '후보 단일화'라는 형태로 반복되어 왔다. 후보 단일화 논의는 1956년 정부통령 선거에서 자유당의 이승만에 대항하여, 민주당의 신익희가 진보당의 조봉암을 압박하면서 시작되었다. 다만 신익희가 선거기간 중 급서하여 결과적으로는 조봉암이 이승만과 대결하였다.

2016년 11월 미국 대통령 선거의 민주당 경선에서 버니 샌더스와 힐러리 클린턴의 경선을 대부분의 평론가들은 긍정적으로 분석한다. 하지만 이 경선의 본질은 민주당보다 좀 더 개혁적인 정당을 염원하는 진보적인 유권자들로 하여금 민주당에 투표하도록 강제하는 '전략적 투표를 위한 정치 이벤트'였다. '버니를 지지하는 노동자들*Labor For Bernie*'이 발족한 이래 미국통신노조[CWU],

미국우체국직원노조[APWU], 미국간호사노조[NNU]를 포함해 4개의 전국적 수준의 노동조합과 미국노동총연맹[AFL-CIO] 남캘리포니아 지부 등 수백 개의 지역 및 지부 노동조합이 샌더스에 대한 지지 의사를 밝혔다. 최종적으로 힐러리가 트럼프에게 본선에서 패배했지만, 일단 경선에만 국한한다면 민주당 지도부의 전략은 적중했다. 요컨대 '전략적 투표'는 종전의 지배 정당 중 하나를 어쩔 수 없이 선택하도록 만드는 것으로, 이로써 '과두 독재로서의 양당체제'는 더욱 강화된다. 결국 어떤 지배 정당이 정책적으로 실패했다고 하더라도, '전략적 투표 행동에 의하여' 종전의 지배를 계속 유지할 수 있게 된다. 결과적으로 새로운 엘리트, 즉 제3당의 진입은 가로막히게 된다.

모든 제도가 각각 장점과 단점을 가지고 있어 완벽한 제도는 없다는 주장은 그 자체로 대단히 위험한 이데올로기이다. 거대 양당은 '투표의 역설'과 '불가능성의 정리'를 성치적으로 악용하여 어떤 제도든지 일정한 단점이 존재하므로 선거제도의 개혁이 필요하지 않다는 논리를 펴 왔다. 그러나 소선거구제와 결합한 단순 다수 대표제는 사표가 된 유권자의 의사를 의석에 반영하지 않는 데다가, 전략적 투표에 의해 그 의사를 왜곡하기 때문에 유권자의 입장에서는 최악의 제도가 아닐 수 없다. 따라서 완벽한 선거제도는 없더라도 피지배자의 입장에서 배척해야 할 나쁜 선거제도는 분명히 존재하는 것이다.

보통의 정치학 교과서는 단순 다수 대표제 선거 방식에 대해,

"득표율과 의석률이 비례하지 않는다는 치명적인 약점을 가진 반면에, 지역대표성이 있고 권력의 책임 소재가 명확하다는 장점이 있다."[26]라고 하면서 단점과 장점을 병렬한다. 그런데 일정한 주기로 권력을 번갈아 교환하는 양당체제에서 책임 소재가 명확하다는 평가는 사실상 언어도단이 아닐 수 없다. 왜냐하면 권력의 실질적인 교체 가능성이 차단되어 있기 때문이다.

3) 지역대표제의 문제점과 비례대표제의 확장

단순 다수 대표제의 또 다른 장점으로 꼽히는 지역대표성은 한국 정치사에서는 오히려 지역이기주의와 '지역 영웅주의'로 왜곡되고 비화되었다. 지역 영웅주의는 지역적 동질성을 근간으로 정치적 진영을 넘어서 형성되는 영웅 숭배의 대중적 심리 현상이다. 2017년 2월 반기문 전 유엔 사무총장의 대선 포기 선언 이후, 반기문과 정치적 진영이 전혀 다른 안희정 충남지사의 지지율이 충청 지역에서 비약적으로 상승한 것이 그 사례이다.

　이러한 지역주의의 문제점에 비추어 우리에게는 좀 더 확장된 비례대표제가 필요하다. 지역구 유권자와 지역대표의 친밀성이 도대체 어떤 장점을 가질까? 정치학의 고전 이론은 지역대표와 유권자의 친밀성이 지역대표에 대한 통제 가능성을 높일 것이라고 상상했다. 그러나 유권자와 지역대표의 친밀성은 오히려 대표자에 대한 '숭배와 복종'을 심화시킬 뿐이었다. 대표자에 대한 통제는 소환제와 새로운 정당의 진입 가능성으로 이루어지는 것이기 때문이다.

그러한 점에서 자연인으로서의 정치인이 아닌 정당을 신임 대상으로 하는 비례대표제가 확장될 필요가 있다. 비례대표제는 상대적으로 영웅 숭배 경향을 약화시킬 수 있고, 단순 다수 대표제가 낳는 사표를 복권시켜 유권자의 실제 의사를 의회 구조에 반영시킬 수 있기 때문이다.

2015년 8월 우리나라 국회에서는 '권역별 비례대표제' 도입에 대한 논의가 불붙었다. 이에 국회 정치개혁특별위원회는 '권역별 비례대표제 공청회'를 열었다. 공청회에서 국회의장 직속 자문위는 일본식 '권역별 병립형 비례대표제'를, 새정치민주연합 혁신위는 독일식 '권역별 연동형 비례대표제'를 제안했다.

전국을 6개 권역으로 나눠 인구 비례와 지역별 정당 득표율에 따라 비례대표를 뽑는 방식이라는 것까지는 양쪽이 같았다. 그러나 독일식 '연동형'은 지역구와 비례대표를 연동해 의석수가 정해지는 방식인 반면, 일본식 '병립형'은 지역구와 비례대표를 분리해 지역구 의석은 그대로 두고 비례대표 의석만을 나누는 방식이라는 차이가 있었다. 게다가 '병립형'을 제안한 측은 전체 의석수 300석 중 지역구 246석, 비례대표 54석을 그대로 유지하기를 주장했다.

	〈새정치민주연합 혁신위 제안〉 연동형 비례대표제(독일식)	〈국회의장 자문위 제안〉 병립형 비례대표제(일본식)
공통점	전국을 6개 권역으로 나누고, 이들 권역의 인구 비례에 따라 국회의원 의석 할당 각 정당의 전국 또는 권역별 득표율로 의석 배분	
차이점	정당 득표율에 따라 지역구와 비례대표 의석 배분 ①의원 정수 300명의 경우 　지역구 200명(당시 246명), 　비례대표 100명으로 조정 ②의원 정수 369명의 경우 　지역구 246명, 비례대표 　123명으로 증원	정당 득표율에 따라 비례대표만 의석 배분 의석 수 및 비율 변화 없음

2015년 새정치민주연합 혁신위 제안과 국회의장 자문위 제안의 비교

　권역별 비례대표제로 기대한 것은 득표율과 의석수 간의 불비례성 해소와 지역주의의 완화였다. 그런데 비례대표 의석수를 늘리지 않고 '병립형 비례대표제'를 실시한다면 오히려 불비례성과 지역주의가 더욱 심각해질 우려가 있었다. 군소 정당에게 돌아갈 의석이 거대 정당으로 갈 수 있으며, 이로 인해 제3당의 진입이 더욱 어려워져 양당체제가 고착화될 위험도 크다는 평가가 이어졌다.

　따라서 우리는 '병립형'보다는 '연동형'에 주목할 필요가 있다. '연동형 비례대표제'에서는 정당 득표율에 따라 총 의석 배분이 결정된다. 단, 당선자 결정 방식은 먼저 지역구에서 선출하고 나머지를 비례대표에서 메우는 방식이다. 지역구 당선자가 정당 득

표율에 따른 총 의석수보다 많은 경우 전체 의석수는 300석보다 늘어날 수도 있다. 독일식 연동형 비례대표제는 정당 지지율이 의석수로 나타나 국민의 정치적 의사를 가장 정확히 반영할 수 있으며, 지역주의에 의존하지 않아 소수 정당이 진입하기 쉽다. 또한 특정 정당이 50% 이상의 지지율을 획득하기 어려워 거대 정당의 출현도 방지할 수 있다.

　뉴질랜드의 선거 및 정당 구조도 우리처럼 승자 독식의 양당체제였는데, 1980년 초부터 소선거구제와 단순 다수 대표제의 문제점이 제기되기 시작했다. 그리고 1986년 왕립 위원회가 독일식 비례대표제로 선거제도를 개혁하자는 방안을 제시하였다. 그 직후 ERC(The Electoral Reform Coalition, 선거제도개혁연합)라는 시민 단체가 출범하여 활발하게 독일식 비례대표제 도입 운동을 펼쳤다. 이 단체는 "Make your vote count(당신의 표를 셀 수 있게 하라)!"라는 슬로건으로 사표死票의 문제점과 비례대표제의 필요성을 강조하였다. 거대 양당이었던 노동당과 국민당은 독일식 비례대표제 도입을 반대했고, 5개 군소 정당이 선거 연합을 구성하였다. 그 후 "독일식 비례대표제를 국민투표에 부치겠다."는 공약으로 당선된 대통령이 집권 2년차까지 공약을 이행하지 않았다. 그러자 그에 대해 국민들이 저항한 끝에 국민투표가 이루어져 1994년 독일식 비례대표제가 도입되었다. 이로써 뉴질랜드는 다당체제의 국가가 되었고, 거대 양당의 기득권을 견제할 수 있는 통치 구조를 갖추게 되었다.

　반면 일본은 기득권을 버리지 못하는 '의회'가 선거제도 개혁을 주도했다. 결국 '소선거구·권역별 비례대표제', 이른바 '병립형 비례대표제'를 도입해 오히려 불비례성을 더 악화시킨 개악을 하였다. 이로써 그 이전보다 더 보수적인 양당체제가 고착되었고, 결국 '병립형 비례대표제'는 후쿠시마 사고가 난 이후에도 원자력 발전소를 찬성하는 자민당이 여전히 집권할 수 있는 제도적 원인이 되었다.

　우리나라의 선거제도는 단기적으로는 '독일식 연동형 비례대표제'를 모델로 하되, 장기적으로는 '스위스 모델'로의 이행이 비례적 관점과 지방분권의 관점에서 유의미할 것으로 보인다. 스위스연방 헌법은 각 주를 하나의 선거구로 편성하고 하원 의원 200명을 모두 비례대표로 선출한다(제149조). 한편 상원은 주 대표 46명으로 구성하되, 오프발트 외 5개 주는 각 1명, 그 외의 주는 각 2명으로 선출한다(제150조). 하원 전원을 비례대표로 선출함으로써 지역대표제가 가지는 불비례성을 최대한 줄이고, 상원은 지방분권의 시각에서 선출하는 제도이다. 이러한 스위스 모델은 장기적으로 우리의 각 지방자치단체를 연방을 구성하는, 독립성을 가지는, '주'로 격상시킬 필요가 있기 때문에 우리에게 의미 있는 모델이 된다. 또한 향후 통일을 하게 되는 경우에 북한 지역 주민들의 민주적 성장을 위해서 연방 형식이 필요하다는 점에서도 유의미한 선거 모델이 될 것이다.

4) 결선투표제의 문제점

2002년 프랑스 대선에서, 결선에 오를 유력한 후보는 좌파인 사회당의 리오넬 조스팽*Lionel Jospin*과 우파인 공화국연합[RPR]의 자크 시라크*Jacques Chirac*였는데, 여론조사 결과 결선투표에서 조스팽을 지지하겠다는 유권자가 더 많았다. 그러자 결선에만 오르면 누구라도 시라크에게 이길 수 있다는 생각에 좌파 후보가 난립하였고, 그 바람에 정작 결선에 오른 후보는 우파 시라크와 극우파인 프랑스국민전선[FN]의 장 마리 르펜*Jean-Marie Le Pen*이었다. 좌파를 지지하던 유권자들은 어쩔 수 없이 결선투표에서 시라크에게 투표할 수밖에 없었고, 그 결과 좌파를 지지하는 유권자가 절반이 넘었음에도 조스팽이 아닌 우파인 시라크가 압도적인 지지율로 당선이 되었다.

2017년 프랑스 내선에서 혜성처럼 등상했던 에마뉘엘 마크롱*Emmanuel Macron* 대통령의 취임 첫 달 국정 운영 지지율이 60% 중반 대였다가, 100일 만에 그 지지율이 반 토막이 되어 37%에 불과하게 되었다. 역대 가장 인기 없는 대통령이었다는 평가를 받았던 프랑수아 올랑드 전 대통령의 취임 2~3개월 차 국정 운영 지지율도 마크롱의 그것보다는 높았다고 한다. 이에 대해 선출직 경험이 없었던 아마추어리즘과 어리숙한 권위주의 리더십, 그리고 노동 개혁에 대한 부정적인 인식 등이 원인으로 거론되었다.

그런데 위와 같은 이유 외에도 마크롱에 대한 지지율이 근본적

으로 허수虛數라는 점을 주목해야 한다. 당선 당시 마크롱은 결선
투표에서 66.1%의 높은 득표율을 얻었는데, 그 상대는 2002년 프
랑스국민전선의 후보였던 장 마리 르펜의 막내딸, 마린 르펜^Marine
^Le Pen이었다. 하지만 1차 투표에서 마크롱을 선택한 비율은 23.7%
로 투표 참여자 네 명 중 한 명에 불과했다. 즉 1차 투표에서 마크
롱을 지지하지 않았던 유권자들이 결선투표에서 르펜의 집권 저
지를 위해 어쩔 수 없이 마크롱에게 전략적 투표를 했던 것이다.

한편 총선의 경우에는, 지역구에서 과반수를 넘는 후보가 없을
때에 12.5%를 넘는 후보들만으로 2차 결선투표에 들어가며, 1차
투표 1주일 후에 2차 투표를 하게 된다. 그런데 2017년 총선에서
마크롱의 소속 정당, '전진하는 공화국!'이라는 뜻의 '레퓌블리크
앙 마르슈^La République En Marche!'가 1차 투표에서 28.2%를 득표했음에
도, 2차 투표에서는 전체 하원 의석수 577석 중에서 약 54%에 해
당하는 308석을 얻었다. 거기에 선거 연합을 하였던 민주운동당
의 의석을 합쳐 350석을 얻으면서 과반을 넘었다.

혜성처럼 등장했다고 스포트라이트를 받았지만, 실제 득표율
이 28.2%에 불과하였다는 사실은 마크롱과 그의 정당이 주권자
들로부터 진정한 수권을 받았던 것이 아니었음을 의미한다. 결선
투표는 제도 자체가 전략적 투표 행동을 내포하며, 그렇기 때문에
유권자들의 정치적 의사가 왜곡되는 것을 당연히 전제한다. 결선
투표로 당선된 대표자는 실제로 위임된 대표성보다 과장된 '과대
대표성'을 가지게 된다. 1차 투표에서 다른 후보를 택했던 유권자

들의 표가 실질적으로는 사표가 되었기 때문이다. 결국 2차 투표에서 자기가 선택한 후보가 당선되었음에도, 1차 투표에서 그 후보를 반대했던 유권자들은 정치적으로 대표되지 못하는 결과에 이르게 된다.

과장된 과대 대표성이라는 문제점 외에도 결선투표는 제1당과 제2당에 대한 전략적 투표를 강요함으로써 양당체제를 고착화시키는 경향이 있다. 그러나 2017년 프랑스 총선에서 종전에 제1당이었던 사회당이 280석에서 30석으로 줄었고, 공화당은 제2당을 유지했지만 194석에서 112석으로 줄었다. 양당체제를 고착시키는 경향이 있다는 결선투표제가 오히려 양당체제를 깨트린 것 같이 보인다. 하지만 사실은 그렇지 않으며, 이 같은 현상의 핵심적 원인은 대통령제에 있다.

2017년 1월 공화당의 프랑수아 피용*François Fillon*과 프랑스국민전선의 마린 르펜이 지지율 1, 2위를 다투고 있었고, 마크롱은 지지율 3위로 눈에 띄는 후보가 아니었다. 한편 브누아 아몽*Benoit Hamon*은 사회당의 선명성을 내걸고 사회당의 후보가 되었지만, 좌파를 지지하는 유권자들 중에서도 올랑드 정부의 실패로 사회당의 종전 정책에 의구심을 가지는 사람들이 많아 아몽의 1차 투표 탈락을 예견하는 사람들이 많았다. 그러던 중 예기치 않게 가족이 연루된 공금횡령 의혹으로 피용의 지지율이 급락하면서 마크롱의 지지율이 2위로 올랐고, 최종적으로는 극우파인 르펜의 집권을 저지하려는 유권자들의 전략적 투표로 인해 마크롱이 대통령에 당선되었다. 정말로 예상치 못했던 한 편의 드라마가 아닐 수 없다. 피용의 횡령 사건 이전만 해도 전통적인 좌파 유권자들의 전략적 투표로 인하여 피용이 당선될 것이라는 예측이 지배적이었기 때문이다. 게다가 마크롱이 2016년 4월에 창당한 '앙마르슈'는 그때까지만 해도 어떤 정책도 확립하지 못한 급조된 정당이었으며, 마크롱은 사회당 올랑드 정부의 경제산업디지털부 장관으로 사회당 정부 내에서 오히려 친기업적인 우파 정책을 이끌었던 인물이었다.

마크롱은 대통령에 당선된 후에 공화당의 에두아르 필립을 총리로 지명함으로써 공화당 지지자들을 끌어안으려는 시도를 하였다. 그리고 수학자나 집단 학살 생존자 등 종전에 선출직 경험이 전무한 신인들을 총선에 대거 천거하였다. 이런 시도들은 앙마르슈의 총선 준비가 선거 혁명이라는 칭송을 받을 정도로 국민적 호의를 이끌어 냈다. 하지만 이는 대통령에 당선된 마크롱이라는 '제왕적 총재'가 자신의 인기를 바탕으로 행한 하향식 공천에 불과했다. 경선을 통해 후보가 선출되는 민주적 방식이 아니라 마크롱에 의해 낙점되는 방식이었고, 그 후보들 사이에서 정책과 이데올로기를 공유하는 민주주의적 과정이 있었던 것이 아니었다. 어떻게 이런 일이 가능했을까?

프랑스는 이원정부제로 불리지만 대통령이 '의회해산권'까지 쥐고 있어 실제로는 미국 대통령보다 훨씬 더 강한 권력을 가지고 있다. 거기에 대통령 당선 초기에 나타나는 개인숭배적 경향이 유권자들로 하여금 신생 정당인 앙마르슈를 사실상 제1당으로 인식하게 하였다. "대통령의 우월적 지위 때문에 제1당은 곧 대통령의 정당이 된다."[27]는 아렌드 레이프하트*Arend Lijphart*의 지적은 여기에서도 적용될 수 있다. 이미 대통령 선거에서 마크롱이 대통령에 당선되었기 때문에 앙마르슈는 잠재적인 제1당의 지위를 가지고 총선에 참여했던 것이다. 또한 앙마르슈가 실제 가진 지지율(28.2%)보다 훨씬 더 과대한 지지율(53.38%)로 현실적인 제1당이 되었다는 점에서, 결선투표제가 양당체제를 고착화시키는 경향이 있다는 결론은 여전히 유효한 셈이다.

5) 정당 개혁을 막는 법률 조항

우리의 공직선거법(법률 제14556호, 시행 2017. 2. 8.) 제57조 제2항에 의하면 공직선거 후보자를 추천하기 위하여 당내 경선을 실시하게 되어 있다. 하지만 그것은 법률의 규정일 뿐, 실제로는 당 대표가 공천권을 가지고 있어 밀실 공천이 빈번했다. 공천권을 이용해 거래를 하거나 당내에 자기 사람을 심기도 했다. 우파 정당뿐 아니라 스스로 민주적이라고 주장하는 정당도 마찬가지였다. 2016년 총선에서 이철희, 표창원 등의 '문재인 키드'가 대거 민주당 원내에 입성하였는데, 문재인의 공천권이 전제된 것이었다.

정당제도와 선거제도의 개혁은 '좀 더 쉬운 정당 설립과 좀 더 쉬운 원내 진출'이 그 방향이 되어야 한다. 예를 들어 시·도당 법정 당원 수를 1,000명 이상으로 규정한 정당법(법률 제13757호, 시행 2016. 4. 16.) 제18조 제1항은 더 적은 수로 개정되어야 한다. 또한 소속 의원 20인 이상의 정당이 하나의 교섭단체가 된다는 국회법(법률 제14376호, 시행 2016. 12. 16.) 제33조도 더 적은 수로 개정되어야 한다. 국고보조금의 50%를 교섭단체에게 동등하게 분배하고, 야당 몫의 국회 부의장 선출 권한 및 상임위 배분권, 수십억 원 규모의 입법 지원비, 국회 의사일정 결정 등이 교섭단체를 중심으로 이루어지기 때문에 교섭단체를 구성할 수 있는지 여부는 대단히 중요할 수밖에 없다.

한편 공직선거법 제150조 제3항의 '기호순번제'는 '초두初頭 효과'의 문제점을 가지고 있다. '초두 효과'란 먼저 인식하거나 경험하게 되는 대상을 우선적으로 선택하는 경향을 말하는데, 먼저 제시된 정보가 추후 알게 된 정보보다 더 강력한 영향을 미치는 현상으로 '첫인상 효과'라고도 한다. 또한 3초 만에 상대에 대한 스캔이 완료된다고 해서 '3초 법칙', 처음 이미지가 단단히 굳어 버린다는 의미로 '콘크리트 법칙'이라고도 한다.

이에 대해 미국의 사회심리학자 솔로몬 애쉬Solomon Asch는 흥미로운 실험을 했다. A와 B, 두 사람의 성격에 대한 정보를 피실험자에게 제시하고 그에 대한 평가를 듣는 실험이었다. A에 대한 정보는 "똑똑하다, 근면하다, 충동적이다, 비판적이다, 고집스럽다, 질투심이 많다."였다. 반면 B에 대한 정보는 "질투심이 많다, 고집스

럽다, 비판적이다, 충동적이다, 근면하다, 똑똑하다."였다. A와 B
에 대한 정보는 말의 순서만 다르게 배열했을 뿐 내용은 똑같다.
그런데 실험 참가자들은 A에 대해 더 긍정적인 반응을 보였다. 공
직선거법 제150조 제3항의 '기호순번제'는 거대 정당이 우선순위
의 번호를 갖도록 제도화한 것으로, 초두 효과의 문제점을 그대로
드러내고 있다. 따라서 '기호순번제'는 기존 거대 정당에 특혜를
주는 불평등 조항이므로 '추첨제'로 개정되어야 한다.

　　또한 선거운동의 자유를 지나치게 억제하는 공직선거법의 독
소 조항들도 모두 개정되어야 한다. 이런 현행법에 대해 선거의
과열을 막고 공정성을 유지하기 위한 것으로, 모두 동등한 조건이
기 때문에 문제가 없다는 반론이 있다. 하지만 이것은 대단히 영
악한 궤변이다. 선거기간 동안 선거운동을 억제하는 것은 이미 유
명한 거대 정당의 후보들에게 훨씬 유리한 결과로 귀속될 수밖에
없다. 그렇기 때문에 결코 공정하지도 공평하지도 않은 것이다.

6) 비례대표제의 문제점과 정당 민주화

민주주의를 발전시킬 수 있는 수단으로써 비례대표제의 장점을
여러 번 강조하였다. 그러나 비례대표제가 그 자체만으로 지역대
표제보다 우월한 것은 결코 아니다. 오히려 정당 민주화가 전제되
지 않은 비례대표제는 '정치의 과두제적 경향'을 더 강하게 지속

시킬 위험성마저 가지고 있다. 국가와 정부의 민주화만큼이나 정당의 민주화도 이루어져야 하며, 정당의 민주화가 전제되어야만 민주적인 비례대표제가 완성될 수 있다.

지역구 선거에서는 후보자가 그 지역 유권자로부터 선택될 가능성이 있는지 없는지 여부가 가장 중요한 문제이다. 그러나 비례대표제에서는 사실상 당 대표의 공천이 국회의원을 결정짓는다. 특정 후보자의 특정 지역에 대한 당선 가능성을 전혀 고려할 필요가 없기 때문에, 당 대표는 자신의 입맛대로 후보자를 공천할 수 있는 것이다. 그런 상황에서 국회의원이 되고 싶은 당원은 당연히 유권자보다 당 대표에게 더 신경을 쓸 수밖에 없게 된다. 결국 당 대표의 권한은 더 강화되고 정당 민주화는 더욱 퇴보하게 된다. 해방 이후 수많은 재력가나 명망가들이 손쉽게 국회에 입성하기 위해 당 대표에게 정치헌금을 하고, 선순위 비례대표를 공천받아 왔던 우리의 정치사를 기억해야 한다.

정당의 지도부가 후보자와 그 순위를 정할 수 있는 구속명부식(고정명부식) 비례대표제가 이런 폐단을 심화시킨 제도적 원인이다. 득표율과 의석 비율을 일치시켜 지역대표제보다 사표를 더 줄일 수 있다는 게 비례대표제의 장점이지만, 역설적으로 구속 명부식 비례대표제는 '누구를 뽑을 것인가'라는 유권자의 권리를 빼앗아 버렸다. 그런 점에서 유권자가 정당뿐만 아니라 후보자에 대해서도 투표할 수 있는 권리를 가지는 비구속명부식(자유명부식)이 좀 더 유권자의 의사를 반영할 수 있는 제도이다. 하지만 비구속명부식의 경우에도 순위를 정하지 않을 뿐 결국 명부에 오르게 될 후보자들을 정당이 결정한다는 문제점은 여전히 존재한다. 그렇다면 어떻게 해야 '당 대표에 대한 종속'이라는 비례대표제의 문제점을 해결할 수 있을까?

결론적으로 말하면 비례대표제의 문제점은 오로지 '정당 민주화'에 의해서만 근본적으로 해결할 수가 있다. 그런데 정당 민주화란 무엇일까? 어떤 조건을 갖추어야 민주적인 정당이라고 할 수 있을까? 그 핵심은 공직선거의 후보자를 선택하는 과정에서 당 대표와 당 간부의 영향력을 배제할 수 있는지 여부에 달려 있다. 민주적인 정당이라면 당원들이 후보를 추천하고, 당원들의 투표로 후보자를 정할 수 있어야 한다. 당원들로부터 인간적인 신망을 얻지 못하고 정책적 능력과 아이디어를 인정받지 못한 사람이 단지 당 대표의 신임만으로 후보자가 되는 일은 없어야 한다. 나아가 당의 정책과 강령이 당원들의 토론을 통해 수시로 보완되고 수정될 수 있는 구조가 되어야 한다. 정당의 민주화가 제대로 이루어지려면 토론과 비판이 자연스러운 문화로 받아들여져야 하는 것이다.

그러나 정당은 자신에 대한 비판으로부터 스스로를 방어할 수 있는 무기를 가지고 있는데, 그것은 바로 정당의 성격을 대표하는 '통일된 신념'이다. 이러한 신념은 일반적으로 지도자의 신념과 일치하기 때문에 지도자를 비판하는 당원은 그 정당을 탈당하는 것으로밖에 자신의 의사를 실현할 방법이 없다. 따라서 지도부에 대한 하급 당원의 비판이 수용되지 않는 현재의 권위적인 정당체제에서, 하급 당원이 강제하는 정당 민주화 프로세스는 사실상 실현 불가능한 공상이나 다름없다.

그렇다면 '과두제적 경향'이 강한 조직인 정당 내에서 정당 민주화를 이루려면 어떻게 해야 할까? 당 대표나 당 지도부의 정당 민주화에 대한 '선량한 의지'가 없으면 정당의 민주화는 결코 이룰 수 없는 것일까? 그렇지 않다. 우리는 정당의 민주화를 충분히 실현할 수 있다. 비민주적인 정당에 대한 지지를 철회하고 선거에서 그 정당을 선택하지 않으면 된다. 정당의 민주화를 이루지 않은 정당을 의회에서 쫓아내야 한다. 그렇게 된다면 정당이 스스로 개혁을 고려할 수밖에 없게 될 것이다. 요컨대 자신이 지지하는 정당이 민주적인 절차와 상향식 소통 구조, 그리고 비판을 수용하는 문화를 가지고 있는 정당이 아니라면 그 정당에 대한 지지를 철회하는 것으로 정당의 민주화를 충분히 실현할 수 있다는 것이다.

4장 _ 대통령제 분석

대통령의 제왕적 권력은 어디에서 기인하는가?

1) 미국 대통령제의 기원과 특징

대통령제의 일반적 특징은 크게 세 가지인데, 가장 중요한 첫 번째 특징은 임기가 고정되어 있다는 것이다. 의원내각제는 내각 (행정부)이 의회에 의해 성립하는 대신 의회의 신임 여부에 따라 지속되거나 붕괴되는 데 반해, 대통령제는 의회와 행정부가 분리되어 있어 의회가 대통령을 견제하고 통제할 것이라는 가정 아래 대통령의 임기를 보장한다. 두 번째 특징은 의원내각제의 총리는 의회에서 선출되지만 대통령제의 정부 수반인 대통령은 국민 직선이든 혹은 선거인단을 통한 방식이든 국민의 선택에 의해 결정된다는 점이다. 그리고 세 번째 특징은 의원내각제는 집단적이거나 혹은 연대적인 집행부인 반면 대통령제는 대통령 개인의 단독 집행부라는 점이다.

　대통령제가 '강한 권력'으로 인식되는 이유는 제2차 세계대전

식민지 대표자들이 미국 독립선언문 초안에 서명하는 그림

이후 제3세계 신생국들의 권위적 대통령제 때문이다. 이 체제는 입법, 행정, 사법을 초월적으로 지배하는 독재자의 정치체제로서, 박정희의 유신 체제와 전두환의 체제가 그 예이다. 이런 독재적 대통령제는 불공정한 선거제도, 언론에 대한 억압, 토론과 논쟁을 무질서나 정치 불안정으로 간주하는 비민주적 시민의식, 독재자에 대한 열광적인 지지층의 존재를 그 정치적 기반으로 가지고 있었다. 실제로 이들이 승계한 통치 구조는 미국식 대통령제가 아닌 '군주제'라고 보는 것이 옳다.

제3세계의 권위적이고 독재적인 대통령제와 정반대로 미국 대통령제의 사상적 뿌리는 '약한 정부*Cheap Government*'였다. 1787년 필라델피아에 모여 미국 헌법을 기초한 55명의 국부들*Founding Fathers*은 부유한 대지주이거나 금융가, 대상인, 해운업자, 주지사 등이었다. 당시 미국 사회의 특권층에 속했던 그들은 변화보다는 현상 유지를, 적극적이고 능동적인 정부보다는 소극적이며 질서유지에 치중하는 야경국가[night-watch state]적인 정부를 선호하였다. 그래서 의회만이 입법권을 가지고, 예산심의 결정권과 탄핵권 등으로 대통령을 견제하도록 하였다. 또한 그들은 다수의 인민이 하원을 장악하여 민중에 의한 지배가 이루어지는 것도 염려하였기 때문에, 의회를 통과한 법률안에 대하여 대통령이 거부권을 행사할 수 있게 하고, 법원으로 하여금 위헌 법률 심사권을 보유하게 하였다. 이러한 연유로 미국 국부들이 세운 나라는 민주주의국가가 아니라 보수적인 귀족국가였다는 주장도 있다.[28]

이렇게 대통령은 물론 의회의 다수도 절대적 위치에서 통치권을 행사해서는 안 된다는 철학이 미국의 대통령제 밑에 깔려 있으며, 그래서 미국의 대통령제를 비[非]다수결주의 제도 혹은 상호좌절[相互挫折] 제도라고 부르기도 한다.[29]

이런 미국식 대통령제는 대통령과 의회가 대치 상태에 빠지면 정치는 교착과 공전을 면할 수 없고, 그 결과 정치는 생산성을 잃는다.[30] 실제로 의회를 야당이 장악하는 여소야대, 즉 '분점 정부[divided government]'의 상황이 되면 대통령과 의회 간의 갈등이 자주 발생한다. 이는 대통령제의 권력 구조가 의회와 대통령이라는 이원적 정통성을 가지는 것으로부터 기인한다. 결국 타협을 통해 정치 교착상태를 해결하지만, 이는 정치적 책임성의 혼란으로 귀결된다.

1980년 재선에 나선 지미 카터를 누르고 당선된 공화당의 레이건은 방위력 증강, 세금 감면, 공무원 감축, 사회보장 축소, 1983년까지 균형예산 확보 등을 약속했다. 하지만 하원의 다수당이었던 민주당은 레이건의 정책에 반대했다. 결국 민주당의 지도부는 몇 차례 회합을 거치고 나서 방위비 증액과 세금 감축을 지지하기로 합의했고, 그 대신 레이건으로 하여금 사회보장예산 증액이 포함된 민주당의 예산안에 대해 거부권을 행사하지 못하도록 했다. 이같은 합의로 대통령과 의회는 교착상태를 피할 수 있었지만, 그 결과 세금은 줄어들면서도 정부 지출은 늘어나게 되어 버렸다. 결국 레이건이 퇴임할 때인 1988년에 재정 적자는 엄청난 규모로 늘어났고, 이에 대한 책임 문제를 두고 민주당은 공화당 레이건 정부를, 공화당은 민주당이 장악한 하원 의회를 서로 비난했다.[31]

흥미로운 것은 이러한 미국식 대통령제의 정치적 비생산성과 비효율성이 공교롭게도 제3세계 대통령제 국가에서 민주화 이후에 그대로 재현된다는 사실이다. 2017년 문재인 정부도 집권 초반 의회 승인을 필요로 하지 않는 부분에서는 가시적인 조치를 취했지만, 막상 의회에서 야당의 지지를 얻어야 효력을 발휘하는 입법 분야는 손도 대지 못하고, 내각 인선마저도 교착상태를 벗어나지 못했다.

미국의 경우에는 주요한 행정이 주 정부를 통해 이루어지고 연방 정부는 외교와 국방에 치중하는 형태여서, 연방 정부의 교착이 국민들의 생활에 직접적으로 영향을 미치는 범위가 작다. 하지만 우리와 같은 중앙집권적인 정부 구조에서 정부의 교착은 곧바로 모든 행정작용의 정체로 귀결될 위험성이 훨씬 크다. 애초에 예정했던 것과 다르게 '견제와 균형'이라는 미국식 모델은 실제로 '교착과 공전'을 낳았던 것이다. 이러한 점에서, 오히려 선거를 통하여 선택된 정당이 자신의 정책을 충분히 실현할 수 있도록 하고, 일정 기간 후에 그 성공과 실패에 대해 심판받도록 통치 구조를 설계하는 것이 정치의 생산성과 효율성을 확보하는 길이 될 것이다.

요컨대 미국식 대통령제는 권력 남용의 여지가 있는 곳에서는 막상 제한이 없어 '제왕적 대통령'이 될 수 있지만, 정책을 수행해야 하는 영역에서는 지나친 견제를 받아 '교착상태의 무력한 대통령'이 될 수 있다는 문제점이 있다.

2) 제왕적 대통령제

제왕적 대통령이라는 말을 처음 사용한 것은 미국의 역사학자 아서 슐레징어 주니어*Arthur Meier Schlesinger Jr.*인데, 의회의 승인 없이 전쟁과 평화에 대해 초법적 정책 결정을 내리는 대통령의 권력을 비판하였다. 그에 의하면, ①대통령 직속 관료제의 발전 ②냉전의 압력과 안보를 구실로 한 비밀주의 ③전쟁과 평화에 대한 대통령의 독단적 결정 ④정당 구조의 약화와 대통령이 정치적 결정의 초점이 되는 현상 등이 대통령을 제왕적이게 한다는 것이다.[32] 이것은 보수적이고 팽창적인 대통령, 즉 공화당 대통령에 대한 자유주의파의 파당적 비판을 표현하는 말로 사용되었다.

그런데 한국에서는 1996년 전두환, 노태우를 구속했을 때에 김영삼 정부를 비판하는 무기로 '제왕적 대통령'이라는 담론이 처음으로 사용되었고, 2001년 말 언론사 세무조사에 즈음하여 거대 언론들이 김대중 대통령의 당 총재직 사퇴 압력을 가하면서 이 담론을 다시 제기했다.[33] 아래는 최장집이 그의 저서《민주화 이후의 민주주의》에서 '제왕적 대통령'이라는 담론이 우리나라에서 왜곡된 형태로 제기되었다는 점을 지적한 부분이다.

미국의 사례와 달리 우리나라에서 이 비판적 담론은 대통령이 실제로 제왕적일 때가 아니라, 대통령이 너무나 허약할 때 이를 더 허약하게 만드는 담론으로 사용되었고, 자유주의파들이 보수파를 공격하는 것이 아니라 그 반대의 무기로 사용되었던 것이다. (……) 그러나 어디까지나 그것은 대통령제를 좀 더 잘, 민주적으로 작동하게 하는 차원의 문제로 접근해야지, 파당적 이해관계의 좁은 관점으로 대통령직의 수행 자체를 불가능하게 만들어서는 안 된다.[34]

'제왕적 대통령제'라는 담론은 박정희 체제와 같은 권위적 대통령의 독재가 아닌 민주화 이후에 나타나는 대통령의 독선적 권력 행사에 관한 문제이다. 즉 민주화 이후의 대통령제는 미국식 대통령제에서 전형적으로 반복되는 '교착상태의 무력한 대통령'과 '제왕적 대통령'의 이율배반적인 두 모습을 함께 가지고 있다. 이런 관점에서 보면 위에 인용한 부분에서 최장집은 민주화 이후의 제왕적 대통령제와 독재체제를 혼동하고 있는 것으로 보인다. 게다가 '교착상태의 무력한 대통령'과 '제왕적 대통령'이 반복되는 문제는 단지 대통령제를 좀 더 잘 작동하게 하는 것으로 해결될 수 있는 문제가 아니라는 사실도 간과하고 있다. 우리나라에서 '제왕적 대통령'이라는 담론이 처음에 비록 왜곡된 구조에서 제기되었다고 하더라도, 이는 이명박과 박근혜 대통령의 권력 남용 사례에서 보듯이 결코 간과할 수 없는 비판적 담론으로 반드시 연구되어야 할 주제이다.

슐레징어 주니어는 '제왕적 대통령제'의 특징적 징표들을 제시하기는 하였지만, 그 정의와 원인을 명확하게 밝히지는 않았다. 그렇다면 제왕적 대통령제란 무엇일까? 도대체 그 원인은 어디에 있는가?

제왕적 대통령제란 독재가 아닌 민주적 대통령제에서도 나타날 수 있는 현상으로, 의회의 승인을 필요로 하지 않는 영역에서 대통령이 독단적으로 권력을 행사하는 것을 말한다. 그 원인은 대통령제 자체에 내재되어 있는데, 첫 번째 원인은 대통령제가 '1인 행정부'라는 사실에 있다. 즉 독재를 무너뜨린 민주화 이후에도, 대통령은 의회로부터 아무런 견제를 받지 않고 무소불위의 권한을 행사할 수 있는데, 그것은 법률이 아닌 행정명령 또는 행정규칙에 의한 행정권 행사 영역에서이다. 대통령 1인이 헌법적으로 '단독 집행부'이기 때문에 본질적으로 독단과 독선의 가능성이 잠재되어 있는 것이다. 즉 의원내각제와 달리 대통령제의 내각은 아무런 결정 권한이 없는 심의기관에 불과하여 위와 같은 대통령의 독단이 가능하다.

대통령은 아무런 근거를 제시하지 않고 내각의 이견을 무시할 수 있으며, 이것은 전적으로 적법하다. 예를 들어 출범 초기 문재인 대통령은 자신의 수석과 비서관들에게 적극적으로 이견을 제시하라고 하였지만, 대통령이 자신의 의견을 관철할 의지를 가진다면, 비서관들의 이견이 있더라도 모두 묵살할 수 있는 권리가 합법적으로 보장되어 있는 것이다.

슐레징어 주니어가 지적한 특징적 징표 중에 '대통령의 독단적 결정과 정당 구조의 약화 및 대통령이 정치적 결정의 초점이 되는 현상'이 '1인 행정부'로 인한 것들이다. 이런 현상과 관련하여 아렌드 레이프하트는 "대통령제에서 행정권은 대통령에게 집중되어 있고, 내각은 서로 동등한 참여자coequal participant 대신에 대통령의 조언자advisers로 구성되고, 결국 내각에서 대통령의 우월적 지위 때문에 제1당은 곧 대통령의 정당이 된다."[35]고 지적하였다.

그렇다면 독단적인 권력 행사라는 문제에서, 의원내각제는 대통령제와 어떻게 다를까? 독일연방 기본법 제65조는 대통령제와 의원내각제의 차이를 극명하게 보여 준다.

독일연방 기본법 제65조(책임)

연방 수상은 정책 계획을 결정하고 이에 대한 책임을 진다. 각
연방 장관은 이 지침 내에서 그 소관 사무를 자주적으로 그리고
자기 책임 하에서 처리한다. 연방 장관 간의 의견 차이에 관하여
는 연방 정부가 결정한다. 연방 수상은 연방 정부가 의결하고 연
방 대통령의 재가를 얻은 직무 규칙에 따라 사무를 처리한다.

독일연방의 장관은 수상의 의사와 관계없이 자주적으로 자기
책임 하에서 소관 사무를 처리할 수 있으며, 그 사무가 중첩되어
연방 장관 사이에 조정이 필요할 때조차도 수상이 전결하는 것이
아니라, 내각 전체가 협의해서 연방 정부의 이름으로 결정한다.
그러나 대통령제에서는 통치의 주체가 대통령 1인이다. 애초부터
대통령 1인의 전횡을 헌법적으로 보장하고 있는 것이다. 따라서
대통령의 독선이 가능함과 동시에 대통령의 신임을 받는 측근의
국정 농단이 제도적으로 가능한 것이다. 이것이 슐레징어 주니어
가 지적했던 '대통령 직속 관료제의 발전과 비밀주의'이다.

대한민국 정치사에서 대통령 측근의 국정 농단 사태는 2016년
에 드러난 최순실과 일명 '문고리 3인방(이재만, 정호성, 안봉근)'이
처음이 아니다. 박정희는 고등고시 행정과 1회(1950년) 수석 합격
자 출신인 김학렬 경제1수석을 "내 경제 과외 선생"이라고 불렀
고, 그래서 당시에 '정치는 이후락, 경제는 김학렬'이라고 회자될
정도였다. 그는 포항제철 1기 고로 준공식에서 박태준 전 포스코

회장과 박정희 옆에 나란히 서서 가동 버튼을 누르기도 했다. 또, 전두환은 자신의 첫 경제수석으로 임명된 김재익에게 "여러 말할 거 없어. 경제는 당신이 대통령이야."라고 말했다고 한다. 이렇듯 대통령제에서 제도화된 대표적인 실세가 청와대 수석과 비서관이다.

　장관이 곧 대통령의 해당 분야 비서가 되는 미국과 달리 우리는 각 부 장관과 별도로 각 분야에 관하여 수석과 비서관들을 임명한다. 그리고 이들의 직급이 차관급임에도 각 부 장관보다 더 큰 영향력을 가지고 있는 게 현실이다. 왜냐하면 이들은 대통령의 신임을 얻은 이후에 '자신의 의지'를 '대통령의 의지'로 보이게끔 할 수 있기 때문이다. 공론의 장에 있는 장관이 아닌 밀실에 있는 수석이나 비서관들이 더 큰 권력을 가지게 될 때, 더 많은 부패한 거래가 이루어지고 그로 인해 권력은 더 쉽게 타락하게 된다는 사실을 우리의 역사는 셀 수 없이 증명하였다.

　정리하면, 제왕적 대통령제의 문제점은 의회의 승인을 필요로 하지 않는 영역에서 발생하는 것이기 때문에, 처음부터 의회가 견제할 수 있는 것이 아니어서 의회의 통제 강화로 해결할 수 없다. 한편으로 총리한테 권한을 분배한다고 되는 것도 아니다. 왜냐하면 총리에게 강한 권한을 부여할 경우 대통령과 충돌하거나 그 총리 자체가 다시 '1인 행정부'의 특성을 가져 권한 남용의 문제를 다시 드러낼 것이기 때문이다.

　결국 '제왕적 대통령제'의 문제는 내각이 권한을 분할하고 서로 연대하여 합의로 정책을 결정함으로써 해결할 수 있는 것이다. 그런 이유로 제왕적 대통령제의 문제는 '1인 행정부'인 대통령제에서는 결코 피할 수 없는 함정인 것이다. 한편으로 내각제라고 하더라도 영국식 의원내각제처럼 수상의 절대 권한을 인정하는 체제라면, 마찬가지의 문제점을 가질 수밖에 없다.

제왕적 대통령의 두 번째 원인은 임기 보장으로 인한 '정치적 무책임성'에 있다. 권력을 잡은 정치인들로 하여금 국민들의 평가나 요구에 민감하게 반응하도록 해야만 민주주의가 발전할 수 있다. 즉 정치적 책임성은 이러한 반응성에 비례하며, 정치적 반응성의 긴장 관계를 제도화시킨 것이 바로 선거이다. 의원내각제 아래에서는 변화된 상황에 지도자가 제대로 대처하지 못하는 경우에 의회는 수상을 해임하고, 총선을 통해 다시 민의를 물어 새로운 내각을 구성할 수 있다. 그런데 대통령제에서는 대통령에게 심각한 부패나 정책적 오류가 발생했을 때조차도 쉽게 해임할 수 없다. 더구나 단선제인 우리의 대통령은 다음 선거에서 정치적 책임의 대상이 아니기 때문에, 임기 말기의 대통령은 국민들의 평가에 대해 전혀 반응하지 않는다. 결국 행정부 수반의 심각한 부패 또는 정책 오류가 발생했을 때에, 곧바로 내각을 불신임할 수 있는 의원내각제가 대통령제보다 〈지배자를 '좀 더 쉽게' 교체할 가능성〉이라는 기준에 더 근접한다고 보아야 한다. 만약 우리 체제가 의원내각제였다면 의회의 '불신임 결의'만으로 박근혜를 해임할 수 있었을 것이다. 대통령제이기 때문에, 박근혜 최순실 사태에 직면하여 박근혜에 대한 해임 절차를 그렇게 힘들게 치렀던 것이다. 6개월이 넘게 매주 100만 명이 광화문에 운집했는데도, 만약 헌법재판소가 탄핵을 기각했다면 어떻게 되었을까? 역사를 퇴행시키고 남을 상황이 초래되었을 것이며, 퇴행된 시간만큼 국민들이 부담해야 할 무게는 너무도 컸을 것이다.

3) 한국식 제왕적 대통령제

한국식 제왕적 대통령제의 특징은 대통령이 수백 개의 공조직에 인사권을 행사하고, 대통령으로부터 낙점받은 그들이 '작은 제왕'으로서 다시 각 조직을 장악하고 제왕적 시스템을 재생산한다는 점이다.

다음 표의 공공 기관장 16명은 박근혜가 1차 대국민 사과를 했던 2016년 10월 25일 이후 임명한 사람들이다. 2017년 6월경 감사원이 53개 공공 기관에 대한 채용 비리 감사를 했는데, 많은 비리 정황이 드러났다. 예를 들어 한국서부발전의 정하황 사장은 대구 출신으로 고등학교 후배인 안종범 전 청와대 정책조정수석의 입김으로 선임되었다는 의혹이 있다.

그런데 위와 같은 문제는 이명박, 박근혜 정부에 국한된 것이 아니고, 문재인 정부에서도 여전히 재현되고 있다. 문재인 대선 캠프에 참여한 1,000여 명에 육박하는 교수와 학자들이 문재인 정

순번	기관	기관장	임기 시작일
1	건강보험심사평가원	김승택 원장	2017년 3월 7일
2	근로복지공단	심경우 이사장	2016년 11월 29일
3	기술보증기금	김규옥 이사장	2017년 1월 14일
4	대한석탄공사	백창현 사장	2016년 11월 15일
5	우체국물류지원단	김영수 이사장	2017년 2월 1일
6	중소기업은행	김도진 은행장	2016년 12월 28일
7	한국국토정보공사	박명식 사장	2017년 1월 2일
8	한국남동발전	장재원 사장	2016년 11월 17일
9	한국농어촌공사	정승 사장	2016년 10월 28일
10	한국마사회	이양호 회장	2016년 12월 19일
11	한국무역보험공사	문재도 사장	2017년 3월 2일
12	한국서부발전	정하황 사장	2016년 11월 17일
13	한국수력원자력	이관섭 사장	2016년 11월 15일
14	한국수출입은행	최종구 은행장	2017년 3월 6일
15	한국자산공사	문창용 사장	2016년 11월 18일
16	한전[KPS]	정의헌 사장	2017년 1월 25일

1차 대국민 사과일 2016년 10월 25일 이후 박근혜 대통령이 임명한 공공 기관장(임기 3년)

부의 '싱크탱크' 역할을 하는 '정책공간 국민성장'과 '새로운대한
민국위원회' 등 외곽 조직에 속했다. 이들 가운데 김광두 서강대
석좌교수는 국민경제자문회의 부의장, 조윤제 서강대 교수는 주
미대사, 김상조 한성대 교수는 공정거래위원장, 김수현 세종대 교
수는 청와대 사회수석, 백운규 한양대 교수는 산업통상자원부 장
관, 박능후 경기대 교수는 보건복지부 장관에 임명됐다.

한편 이들처럼 청와대나 내각에 들어가지 못한 교수들이 국책
연구원장 자리를 노리고 경쟁하였다. 아래 표에 있는 경제인문사
회연구회 소속 국책연구원이 26개인데, 이것뿐만 아니라 국가과
학기술연구회 소속 25개 연구원 등 국내 연구원이 100여 개에 이
른다. 이들 연구원장 자리는 지금까지 역대 정권에서 관행적으로
논공행상의 자리로 계속 인식되어 왔던 것이다.

순번	연구소 명	기관장	임기	주요 경력
1	경제인문사회연구회	김준영	2016.10.~ 2019.10.	성균관대 총장
2	한국개발연구원[KDI]	김준경	2013.05.~ 2019.05.	국무조정실 금융감독혁신[TF] 민간위원장
3	대외경제정책연구원	현정택	2016.06.~ 2019.06.	초대 여성부 차관
4	산업연구원	유병규	2016.05.~ 2019.05.	국민경제자문회의 지원단장
5	한국노동연구원	방하남	2015.06.~ 2018.06.	고용노동부 장관
6	한국조세재정연구원	박형수	2015.06.~ 2018.06.	통계청장
7	과학기술정책연구원	송종국	2014.09.~ 2017.09.	18대 인수위 교육과학기술 전문위원
8	국토연구원	김동주	2015.07.~ 2018.07.	대통령 직속 지역발전위원회 위원
9	에너지경제연구원	박주헌	2015.04.~ 2018.04.	동덕여대 교수
10	정보통신정책연구원	김대희	2017.03.~ 2020.03.	방통위 상임위원

순번	연구소 명	기관장	임기	주요 경력
11	통일연구원	손기웅	2017.03.~ 2020.03.	민주평화통일자문회의 상임자문위원
12	한국교육개발원	김재춘	2016.01.~ 2019.01.	교육부 차관
13	한국교육과정평가원	공석		
14	한국교통연구원	이창운	2014.10.~ 2017.10.	교통투자평가협회 부회장
15	한국농촌경제연구원	김창길	2016.06.~ 2019.06.	OECD 농업환경정책위원회 의장
16	한국법제연구원	이익현	2016.08.~ 2019.08.	법제처 경제법제국장
17	한국보건사회연구원	김상호	2015.06.~ 2018.06.	고용노동부 산재보험 재정추계자문위원회 위원장
18	한국여성정책연구원	공석		
19	한국직업능력개발원	이용순	2014.11.~ 2017.11.	대한공업교육학회장
20	한국청소년정책연구원	공석		
21	한국해양수산개발원	양창호	2016.08.~ 2019.08.	인천대 교수
22	한국행정연구원	정윤수	2015.11.~ 2018.11.	명지대 교수
23	한국형사정책연구원	김진환	2015.06.~ 2018.06.	서울지검장
24	한국환경정책평가연구원	박광국	2014.09.~ 2017.09.	한국행정학회 회장
25	건축도시공간연구소	김대익	2015.09.~ 2018.09.	한국도시설계학회 부회장
26	육아정책연구소	우남희	2014.10.~ 2017.10.	동국대 교수

2017년 9월 기준, 경제인문사회연구회 소속 연구원장 임기 만료일[36]

요컨대 어떤 대통령이 자신의 제왕적 권한에도 불구하고 공정하게 인사권을 행사한다고 하더라도, 차기 정부에 또다시 '나쁜 황제'가 정권을 장악한다면, 다시금 '작은 제왕'들이 재림할 것이다. 가장 대표적인 사례가 바로 '제왕적 대법원장'이다. 이명박이 임명했던 양승태 대법원장으로부터 촉발된 판사 블랙리스트 사건으로 인하여, 2017년 '제왕적 대법원장'의 문제가 공론화되었다.

대법원장이 '제왕적'이라고 비판받는 근본적인 이유는 그가 가지고 있는 인사권에 있다. 그는 헌법과 법원조직법에 따라 법관 3,000명의 임명권과 승진·전보의 권한을 갖고 있으며, 재임용 여부도 결정한다. 그리고 대법관 13명의 임명을 제청하고, 헌법재판관 3명, 국가인권위원회 인권위원 3명, 중앙선거관리위원 3명에 대한 지명권도 행사한다. 그리고 사법행정을 총괄하는 법원행정처장을 임명하고, 1만 5,000명에 달하는 법원 공무원의 인사까지 결정한다. 현직 판사들에 대한 설문 조사에서 판사 10명 중 4명은 대법원장과 법원행정처에 반하는 의사표시를 하기 어렵다고 답변했으며, 그 이유로 모든 인사권을 대법원장이 쥐고 있기 때문이라고 대답했다. 우리의 법원행정처는 일본 최고재판소의 사무총국을 모방한 것으로 법관의 독립을 현저히 저해하고 있다. 예를 들어서 출세가 보장되는 영장전담판사를 법원장이 정하고, 법원장은 대법원장이 임명하며, 대법원장은 대통령이 임명함으로써 제왕적 대통령제가 완성되고 있는 것이다.

제왕적 대통령은 제왕적 대법원장 체제를 선호할 수밖에 없다. 그 이유는 자기 입맛에 맞는 대법원장을 임명하고 그 대법원장과 행정처를 통해 사법부를 좌지우지할 수 있기 때문이다.

2012년 18대 대선에서 국정원의 댓글 공작 사건에 관한 원세훈 국정원장에 대한 재판에서 사법부는 그 민낯을 드러냈다. 1심 재판부인 서울중앙지법 형사21부(부장 이범균)는 "정치 개입은 맞지만 대선 개입은 아니다."라는 기괴한 논리로 국정원법 위반 유죄, 선거법 위반 무죄를 선고하고 집행유예를 선고하였다. 1심 재판부 스스로 "그 구체적인 활동 내용이 특정 정당이나 정치인에 대한 지지 또는 반대의 형태로 나타났다."고 인정했으면서도 말이다.

1심 재판부는 선거법 위반 무죄를 선고한 근거로 세 가지를 제시하였는데, "첫째, 국정원 심리전담 직원들의 사이버 활동은 공직선거법 상 선거운동에 해당하지 않는다. 둘째, 꾸준히 활동 했지만 선거가 임박한 시기에 그 양이 줄었다. 셋째, 원세훈이 여러 차례 정치 개입 논란 등 물의를 일으킬 수 있는 행동은 자제하라고 얘기했다."는 것이었다.

이에 대해 김동진 부장판사는 법원 내부 게시판에 '지록위마指鹿爲馬'라고 비판하고, 이 판결은 "정의를 위한 판결이 아니라, 고등법원 부장판사 승진 심사를 목전에 두고 입신영달에 중점을 둔 사심이 가득한 판결"이라고 지적했다. 실제로 이범균 판사는 얼마 후 고등법원으로 승진하였고, 김동진 부장은 징계를 받았다. 이후

항소심 법원(부장 김상환)은 국정원법 위반 및 공직선거법 위반도 모두 유죄를 인정하고 징역 3년을 선고하였다.

이후 대법원 전원합의체는 직접 유무죄 판단은 하지 않고, "하급심에서 국정원 대선 개입 사건의 핵심 증거로 사용된 이메일 첨부 파일('425지논', '시큐리티 파일')을 작성했다는 증인이 작성 사실을 인정하지 않아 증거능력을 인정할 수 없다."며 만장일치로 사건을 서울고법으로 돌려보냄으로써 사실상 항소심 판결을 뒤집었다. 이에 대해 재판 연구관 경험이 있는 한 부장판사는 "통상 결론이 같으면 일부 증거의 관계판단이 달라도 파기하지 않는 게 일반적인데, 지엽말단적인 데 집중해 유무죄 판단도 미뤘다. 살아 있는 권력에 밉보일 수 없으니 하급심에 책임을 떠넘긴 것 아니냐."고 비판하였다.[37]

항소심 판결을 뒤집은 것도 이해할 수 없지만, 전원합의체(전합)에서 만장일치가 나온 것도 이해할 수 없는 일이다. 상고 사건은 대법관 4명으로 구성된 소부를 먼저 거치고 한 명이라도 반대 의견을 내면 전합으로 간다. 그런데 소부의 반대 의견이 있어 전합을 열어 놓고 소수 의견 하나 없이 대법관 13명의 만장일치가 된 것은 모순일 수밖에 없다.

결국 양승태 원장 체제의 대법원이 합심해서 박근혜 정부의 정통성을 임시적으로 연장해 준 셈이 되었다. 그리고 서울고법에서도 파행은 계속됐다. 파기환송심 재판장인 김시철 서울고법 부장판사는 1년 7개월 동안 결론을 내리지 않은 채 끌다가 2017년 2월

정기 인사에서 다른 재판부로 전보되었다. 그 사이에 김시철 부장은 원세훈을 보석으로 풀어 주었고, 심지어 재판 중에 손자병법을 인용하며 국정원의 댓글 공작을 '전쟁에서 이기기 위한 탄력적 용병술'에 빗댔다. 이에 반발한 검사가 자리를 박차고 법정을 나가는 일도 벌어졌다.

그 후 2017년 8월 30일 파기환송심은 원세훈에 대해 국정원법 위반 및 공직선거법 위반 모두 유죄로 징역 4년을 선고하였다. 결국 문재인 정부가 들어선 이후 유죄 판결이 났는데, 이것 또한 '정권 눈치 보기'가 아니냐는 비아냥거림을 피할 수 없게 되었다.

제왕적 체제는 한 조직의 집행권을 1인이 장악하고 있는 체제를 의미하는데, 조직의 집행권 중 가장 핵심적인 권한이 인사권이다. 당연히 권한 행사가 잘될 때, 즉 적절한 인사가 이뤄질 때라면 아무 문제가 없지만, 잘되지 않을 때에는 아무런 통제 방법이 없다는 점이 제왕적 체제의 근본적인 결함이다. 대법원장 임명 시 인사 청문회가 존재하지만 그것으로는 대법원장의 제왕적 권한을 통제할 수 없다. 또한 대법원장의 제왕적 권한을 제거하지 않으면, 그에 기반을 둔 대통령의 제왕적 권한도 통제할 수 없다.

한 현직 판사는 "제왕적 대법원장의 권한과 행정처 중심의 관료적 승진 구조는 노무현 대통령이 임명한 이용훈 대법원장 시절에 더 심화되었다."[38]고 주장하기도 했다. 따라서 사람이 문제이지 제도가 문제는 아니라는 발상은 사태의 핵심을 간과한 것이며, 어쩌면 그런 생각이 우리 사회의 부패 구조를 온존시킨 이데올로기일지도 모른다. 왜냐하면 그들 모두 좌파와 우파라는 프레임 안에서 민주주의 또는 애국을 실현하고 있다고 각자 자부하고 있기 때문이다.

독일에서는 '법원장 호선제'에 의해 판사들이 판사회의 운영위원을 선출하여 판사운영위원회를 구성하고, 다수결로 주요 보직을 선출한다. 그렇기 때문에 법원장은 대법원장이 아닌 일선 법관들의 눈치를 볼 수밖에 없게 되고, 평판사들의 재판을 지원해야 하는 자신의 역할에 충실하게 되는 것이다. 미국에서도 '전국법관대표회의'와 '연방법관대표회의'가 상시적 기구로 설치되어 하부에 상임위원회를 두고 인사권을 행사한다. 2017년 우리나라에서도 평판사들이 임시적이지만 '전국법관대표회의'를 창설하였다. 그들은 '전국법관대표회의'로 대법원장의 손발인 법원행정처를 대체해야 한다는 주장을 제기하였는데, 그렇게 해야만 판사들이 대통령이나 대법원장의 눈치를 보지 않고, 정치적 중립과 독립성을 이룰 토대를 갖출 수 있기 때문이었다.

'제왕적 대통령'을 지탱하는 '작은 제왕'의 대표적 사례를 한 가지 더 든다면, 이른바 공영방송으로 불리는 KBS, MBC 사장들을 들 수 있다. 이명박, 박근혜 정부 시절에 KBS, MBC 사장들은 보도국장 또는 보도본부장 등을 통하여 정부에 비판적인 방송을 편집하고, 심한 경우에는 방영 자체를 금지시켰으며, 비판적인 기자와 PD들을 방송과 무관한 보직으로 전보하거나 해고하였다.

김재철은 MBC 사장 재임(2010. 3.~2013. 3.) 당시 〈PD수첩 '4대
강 수심 6미터의 비밀'〉을 방영 금지시켰고, 이명박 정부가 체결
한 한·미 FTA에 대한 반대 집회 관련 뉴스도 내보내지 않았다.
신경민, 손석희, 김미화 등 당시 정권이 불편해했던 앵커와 MC들
을 방송에서 하차시켰고, 이런 모든 쟁점을 논의할 노사 간 공정
방송협의회를 무력화시켰으며, 단체협약을 해지했다.

그 후임 MBC 사장인 안광한(재임 기간 2014. 2.~2017. 2.)은 최
순실의 남편이자 박근혜의 최측근이었던 정윤회의 아들이 드라
마에 출연하는 데에 압력을 행사했다. 그리고 박근혜가 방문하
는 국가들에 대한 다큐멘터리를 순방 날짜에 맞춰 방영하고, 박
정희의 치적을 알리는 다큐멘터리까지 방영했다. 또, 세월호 참사
를 다룬 〈PD수첩〉에 박근혜가 나오는 장면을 삭제하라고 지시하
였다.

결국 공영방송 소속 기자들과 PD들은 수년에 걸쳐 반복해 왔
던 경영진 퇴진 투쟁을 또다시 시작하게 되었다. 2017년 8월 25일,
MBC 소속 기자들과 PD들은 3일 뒤인 28일부터 방송 제작을 거
부하겠다는 선언과 함께 "고영주 방송문화진흥회 이사장과 김장
겸 사장, 백종문 부사장, 김도인 편성제작본부장 등 경영진이 물
러나고 제작 자율성을 되찾는 그날까지 싸우겠다."는 공동성명을
발표하였다. 그리고 KBS 소속 기자들과 PD들도 8월 28일부터 '고
대영 사장 퇴진과 공영방송 정상화'를 주장하며, 전면 제작 거부
에 들어갔다.

한편 민주당은 야당 시절인 2016년 7월 공영방송 정상화를 목표로 방송관계법 개정안을 발의했다. KBS, MBC, EBS 등 공영방송의 이사진을 여권 추천 7명, 야권 추천 6명으로 확대하고, 이 중 3분의 2 이상의 동의로 사장을 임명하는 특별다수제를 채택하자는 것이 방송법 개정안의 핵심이었다. 즉 여야가 합의해야만 사장 선출이 가능하도록 하자는 것이었다. 이 법안은 당시 새누리당의 반대로 국회에서 통과하지 못하고 과학기술정보방송통신위원회에 계류되었다.

그런데 2017년 8월 22일 방송통신위원회의 업무 보고 자리에서, 문재인 대통령은 방송관계법 개정안을 처리하는 것이 최선인지 검토해 봐야 할 것 같다고 말했다. 이에 이효성 방송통신위원장은 국회에서 개정안이 통과가 안될 것 같으니, 방송통신위원회에서 자체적으로 안을 만드는 것을 검토해 보겠다고 말했다.

문재인 대통령은 개정안대로 한다면 여야 어느 쪽으로도 비토(거부)를 받지 않은 온건한 인사가 선임되겠지만 소신 없는 사람이 될 가능성도 있기 때문에 재검토를 지시했다고 밝혔다. 자칫 공영방송 사장이 여야의 눈치만 살피는 '정치권 아바타'로 전락할 수 있다는 지적이었다. 이에 대해 자유한국당은 "문재인 대통령이 방송을 장악하려는 음모를 꾸미고 있다."고 비난하였다. 막상 정권을 잡고 나니까 종전에 여당이 가지고 있었던 프리미엄을 유지하고 싶은 게 아니냐는 비난을 피할 수 없게 된 것이다.

그러나 민주당이 발의했던 방송법 개정안은 재검토해야 하는 게 맞다. 다만 그 이유는, 문재인 대통령이 제시한 것과는 다르게, 개정안이 처음부터 사태의 핵심을 빗겨 나갔기 때문이다. 방송의 자율성 침해에 대한 문제는 김재철, 고대영, 김장겸 같은 '나쁜 제왕'들을 퇴진시킨다고 해결될 문제가 아니다.

지금까지 공영방송의 소속 기자와 PD들이 여러 차례에 걸쳐 사장을 비롯한 경영진의 퇴진 투쟁을 반복해 왔지만 달라진 것이 있는가? 공영방송 사태의 본질은 사장과 대주주, 보도국장 등의 경영진이 방송을 주도하고 개입한다는 데에 있다. 그러므로 누가 새로운 사장이 되든 그들의 방송 개입을 차단할 수 없다면, 언제든 똑같은 사태가 재현될 수밖에 없는 것이다. 잠깐 동안 괜찮은 사장이 와서 방송의 자율성이 보장된다고 하더라도, 또다시 '나쁜 황제(대통령)'와 그가 선임한 '작은 제왕(나쁜 사장)'이 온다면 모든 것이 원점으로 돌아갈 수밖에 없는 현실에서 도대체 언제까지 퇴진 투쟁만을 할 것인가? 이제 사장 퇴진 투쟁이 아니라 '나쁜 황제(대통령)'가 '작은 제왕(나쁜 사장)'을 선임하는 제도를 고쳐야만 한다. 그리하여 본질적인 문제인 경영진의 방송 개입을 법률로써 원천적으로 차단해야만 한다.

2017년 9월 10일 SBS 본부 노동조합은, 2016년 10월 10일 SBS 경영진과 대주주가 보도본부 간부들에게 박근혜 정권을 도우라는 보도 지침을 전달하였다는 사실을 폭로하였다. 그리고 기수별 성명을 통해 '대주주의 보도 개입에 대해 사과할 것, 보도에 어떤 영향력도 행사하지 않을 것, 보도 개입 차단을 위한 구체적이고 실질적인 대책을 마련할 것' 등을 요구하고 나섰다.

하지만 이들은 보도 개입을 차단하는 대책을 마련하라고 정치권에 하소연할 것이 아니라, 스스로 자신들이 문제를 해결할 주체임을 자각해야만 한다. 예를 들어 판사들이 구성한 '법관대표회의'와 같은 민주적 기구를 만들어, 그 기구를 통해 방송의 독립성과 자율성을 획득할 수 있을 것이다. 여기서 기구는 노동조합을 넘어서 모든 구성원을 포괄하는 자치적 기구가 되어야만 그 대표성과 정당성을 얻을 것이다.

이런 식으로 민주적이며 자치적인 기구가 사회의 각 영역으로 확장됨으로써, 우리의 민주주의가 좀 더 진화하게 될 것이다. 사회의 각 영역에 포진한 제왕적 체제를 없애지 못한다면, 대통령제를 의원내각제로 대체하더라도 '제왕적 대통령'과 다를 바 없는 '제왕적 수상'이 나타날 수밖에 없을 것이다.

4) 다수결민주주의와 합의민주주의의 차이

아렌드 레이프하트는 《민주주의의 유형》에서 대한민국을 포함한 36개의 민주주의국가를 '다수결민주주의와 합의민주주의'라는 두 가지 정부 형태로 분류하여 비교하였다. 그는 두 가지의 정부 형태에 관하여 행정부·정당 차원의 시각에서 다섯 가지 차이를 열거하였다.

① 단일 정당 다수제 내각에서 행정권의 집중 對 광범위한 다수 정당 간 연립에서 행정권의 공유

② 행정부가 우월한 행정·입법 관계 對 행정부·입법부 간의 세력균형

③ 양당체제 對 다당체제

④ 다수제와 비#비례대표 선거제 對 비례대표제

⑤ 최다 득표 집단이 장악하는 이익집단 체제 對 정파 간 정책 협조를 목표로 하는 조정된 그리고 조합주의적 이익집단 체제 [39]

아렌드 레이프하트는 승자 독식 구조의 대통령제와 웨스트민스터 모델*Westminster model*의 의원내각제를 '다수결민주주의'의 대표적 형태로 분류하였다. 웨스트민스터 모델이란 심각한 불비례성을 특징으로 하는 소선거구·다수 대표제 아래의 양당체제인 영국식 의원내각제를 말하며, 이를 다수결 모델*majoritarian model*과 상호 교환적 의미로 사용하였다. 그리고 그 외의 비례적 다당체제의 의원내각제를 '합의민주주의' 정부 형태로 보았다. 또한 그는 결론 부분에서 "민주주의의 질에 관한 척도, 즉 여성의 대표성, 정치적 평등, 선거 참여, 민주주의에 대한 만족에 있어 합의민주주의가 더 우월하며, '더 자애롭고 더 온화한*kinder and gentler*' 정부 활동의 네 가지 영역, 즉 사회복지, 환경보호, 형사 사법 정의, 대외 원조에서 합의민주주의가 다수결민주주의보다 더 우월하다."고 매듭지었다. "다수결민주주의가 통치*governing*에는 더 편하지만, 합의민주주의가 대

표성^{representing}에는 더 뛰어나다는 전통적 지혜가 여전히 유효하다."
는 주장이었다.[40]

아렌드 레이프하트는 통계와 사례로써 위와 같은 결론을 논증하는 데에 주력하였는데, 정작 두 가지의 정부 형태에서 나타나는 차이점이 무엇에서 기인하는지에 대해서는 명확하게 논하지 않았다. 그렇다면 비례적 다당체제의 의원내각제가 단합적인^{unitary} 민주주의적 특성을 갖는데 반하여, 대통령제와 웨스트민스터 모델이 대결적인^{adversary} 특징을 갖는 이유는 무엇일까?

> 대통령제에서는 정당 간 연립형태의 협력을 위한 유인이 훨씬 작다. 대통령이라는 자리는 나눌 수 있는 것이 아니다. 대통령은 자기 당이 아닌 다른 정당의 사람도 자기 내각의 일원으로 선택할 수 있다. 그러나 선택된 이들은 개인적으로 선택된 것이지 지속적이고 규율을 갖는 연립정부의 일원으로 선택된 것은 아니다.[41]

가장 핵심적인 이유는 위의 인용문에서 언급한 것처럼 "대통령이라는 자리가 나눌 수 있는 것이 아니"기 때문이다. 의원내각제는 여러 정당이 연립을 하여 합의제를 실현할 수 있는데 반하여, 대통령이라는 자리는 오직 1개밖에 없기 때문에 연립정부, 즉 연정을 구성하기 어렵다.

2017년 문재인 정부 초기에 있었던 심상정 정의당 대선 후보에 대한 고용노동부 장관 입각설에 대해 정의당과 심상정이 완강히 부인했던 것이 한 예이다. 2005년 7월 집권 말기였던 노무현 대통령이 제안했던 대연정이나 2017년 2월 민주당 경선에서 안희정 후보가 제기했던 대연정은, 만약 대연정이 가능하지 않다는 것을 알면서도 제안한 것이라면 자신의 정치적 입지를 넓히려는 영리한 제스처였고, 정말로 가능하다고 생각했다면 대통령제에 대한 몰이해로 볼 수밖에 없다.

그런데 의원내각제의 수상 자리도 1개인데, 의원내각제와 대통령제는 무엇이 다른 것일까? 내각제의 수상과 달리, 대통령제에서는 대통령이라는 '1개의 자리'에 모든 권력이 집중되어 있다는 것이 다르다. 만약 독일연방 기본법 65조의 연방 장관처럼 대한민국의 장관이 자신의 소관 사무에 관하여 대통령의 의지와 관계없이 자주적으로 자기 책임 하에서 처리할 수 있다면, 아마도 정의당의 심상정은 고용노동부 장관직을 수락했을 것이다. 그렇지만 안타깝게도 우리나라 장관의 정책 결정력은 대통령은커녕 청와대의 관련 분야 수석의 그것에도 미치지 못하는 것이 현실이다.

대표적인 것이 송영무 국방부 장관과 문정인 특보의 사례이다. 2017년 9월 18일 송영무 국방부 장관이 국회 국방위에서 문정인 대통령 통일외교안보 특보에 대해 비판을 했다가, 다음 날 청와대로부터 공개적으로 '엄중 주의' 조치를 당했고, 곧바로 사과를 했다.

비서가 곧 내각인 미국 대통령제와 달리, 우리의 정부 구조는 이원적 체제이며 청와대 비서실의 비밀주의라는 문제점이 있다는 것에 대해서는 앞에서 설명하였다.

5) 정치의 탈개인화와 권력의 탈인격화

이탈리아의 혁명가 안토니오 그람시*Antonio Gramsci*에 의하면 과거 정치는 '지배와 피지배'의 문제였고, 군주제는 사회를 '통합'하기 위한 전체주의적 시도를 '군주'라는 한 개인을 통해 실현하려고 했던 정치체제였다. 그람시는 현대 정치에서는 '구체적인 개인'이 아닌 '보편적이고 전체적으로 되고자 하는 집단 의지의 요소들이 함께 모여진 최소의 세포'로서의 '정당'이 사회 통합의 시도를 실현해야 한다고 생각했다. 이것은 현대 정치에 관한 '존재론적 분석'이 아니라 그가 추구하는 혁명 이론의 근간을 뜻하는 것이었다. 그람시는 저작 《옥중수고》를 통해 '현대의 군주인 정당'으로 '인민의 집합'을 '조직'하여야 한다고 선언하였는데, 이는 곧 '현대의 군주는 정당'이어야 한다는 자신의 의지를 표명한 것이었다.

　그람시의 철학으로 이 단락을 시작한 이유는 그를 다시 복권시키려는 의도가 아니다. 정당으로 인민을 조직하겠다는 투철한 엘리트 혁명주의자에게, 이 글이 구상하는 민주주의 프로그램을 접목시킬 수는 없다. 다만 현대 정치에서 끊임없이 반복되는 '군주제적 시도'에 대한 반격, 즉 '정치의 탈脫개인화', '권력의 탈脫인격화'는 오직 정당을 통해서만이 가능하다는 점을 강조하려는 것이다. 적어도 그러한 의미에서 '현대의 군주'로서의 정당은 복권되어야 한다.

부르주아혁명으로 황제가 폐위된 이후에도 끊임없이 '군주제적 시도'가 있었다. '군주제적 시도'라 함은 '한 개인'을 통하여 사회 통합을 도모하고, '한 개인'이 행사하는 방식으로 권력이 집행되는 것을 말한다. 나폴레옹처럼 실제 황제로 즉위한 경우도 있었고, 히틀러나 박정희처럼 입헌적으로 1인 체제를 확립한 경우도 있었다. 그런데 그렇게 노골적인 독재가 아닌, 민주정의 모습을 띤 현재의 대통령중심제도 군주제처럼 정치를 개인화시키는 경향이 있다.

정치를 개인화시키는 대통령제는 세 가지의 문제점을 가지고 있다. 첫째, 대통령제는 대통령이라는 '한 개인'을 통하여 권력을 인격화하고, 그 개인의 이름으로 권력을 행사하기 때문에, 불가피하게 영웅 숭배를 유도하고 이로써 대중의 복종과 자기 동일시를 강화시킨다. 슐레징어 주니어도 제왕적 대통령제에서 정당 구조가 약화되고, 대통령이 정치적 결정의 초점이 되는 현상이 있음을 지적하였다.[42]

둘째, 정치와 권력이 '한 개인'으로 인격화되는 대통령제에서는, 정책 실패를 하더라도 그 소속 정당은 정치적 책임을 회피할 수 있다. 자연인으로서의 '그 지도자'가 퇴진함으로써 정치적 책

청와대

임이 종결되었다는 착각을 불러일으키기 때문이다. 따라서 심각한 부패와 정책 실패로 민심이 이반된 상태에서도 '새로운 영웅'을 대통령 후보로 내세워 재집권에 성공할 수 있는 것이다. 2012년 12월 이명박 정부와 집권당이었던 한나라당은 4대강 사업, 자원 외교 낭비, 내곡동 비리, 이상득 스캔들 등 숱한 부패 사건과 정책 실패를 저질렀음에도 불구하고, 당명을 '새누리당'으로 바꾸고 '박근혜'라는 '새로운 얼굴'을 대통령 후보로 내세워 재집권에 성공했다. 물론 '박근혜'라는 영웅에 대한 '숭배'가 있었기에 가능했던 부분도 있지만, 이명박의 퇴임으로 그 정치적 책임이 종결된 것으로 간주되는 대통령제의 제도적 착각 때문에 가능한 일이었다. 그러한 의미에서 2012년 18대 대선 당시 민주당의 '정권 심판론'은 실패한 전술이었다. 민주당과 그 지지자들은 이명박 정부에 대한 심판을 주장하면 유권자들이 민주당의 문재인을 선택할 것이라고 생각했지만, 그것은 정치를 개인화시키는 대통령제의 특성을 제대로 이해하지 못한 생각이었다. 이명박을 싫어하면서도 박근혜는 좋아하는 유권자들이 존재한다는 사실을 간과했던 것이다.

셋째, '정치의 개인화'는 소속 정당과 무관하게 지도자 개인의 의지로 권력이 행사되는 현상을 가능하게 하는데, 이러한 현상은 대통령제에서 두드러지게 나타난다. 대표적인 사례가 미국의 트럼프 대통령이다.

트럼프는 2016년 11월 미국 대통령 선거의 경선 및 본선 당시 공화당 지도부가 명시적으로 반대를 표명하는 와중에도 자신의 배타주의와 인종차별주의를 노골적으로 드러냈고, 집권 후에도 이에 입각한 행정명령을 발령해서 논란을 일으켰다. 의원내각제에서는 각료직이나 수상직을 사임하고 나서야 가능한 일인데, '정당기속성'을 가지지 않는 대통령제에서만 가능한 일이다.

한편 버니 샌더스의 경우도 '정치의 개인화' 사례로 들 수 있다. 만약 2016년 미국 대통령 선거에서 샌더스가 민주당 후보가 되고 본선까지 승리했다고 하더라도, 그의 임기가 종료된 이후 민주당은 샌더스의 정책을 계승하지 못했을 것이다. 애초에 샌더스와 민주당 간에는 정책적 동질성이 없었기 때문이다. 여기서 우리는 소속 정당과 동질성을 가지지 못하는 대통령 개인의 일시적인 승리는 정치와 역사를 근본적으로 바꾸지 못한다는 점을 주목해야 한다.

'정치의 개인화'는 군주제적 특징으로 현대의 통치 구조 중에서 대통령제가 이를 계승하였다. 따라서 민주주의의 진화를 이루려면 정치의 중심을 개인에서 정당으로 옮겨야 하며, 이로써 '정치의 탈개인화'와 '권력의 탈인격화'를 이룰 수 있다. 또한 정치적 책임의 주체도 자연인인 '지도자'가 아니라 '지배 정당'이 되어야만 한다.

박근혜가 탄핵된다고 끝난 게 아니며, 문재인이 집권하는 것으로 모든 문제가 해결되는 것도 아니다. 박근혜를 대통령으로 만든 한나라당-새누리당-자유한국당으로 이어지는 정치 세력 자체를 축출해야만 한다. 그래야만 정치적 책임이 종결되는 것이다. 그러나 지금 우리의 양당체제와 대통령제에서는 일시적으로 권력을 교체하고서 그 책임을 다한 것처럼 보일 뿐 대중을 속이는 부패한 정치 세력을 축출할 방법이 없다.

5장 _ 이원정부제 분석

이원정부제는 과연 분권형 정부인가?

1) 프랑스 제5공화국 — 이원정부제의 탄생 배경

이원정부제에 관하여 뒤베르제가 지적한 세 가지 특징은 국민들의 직선에 의해 선출되는 대통령의 존재, 대통령의 상당한 권한 *quite considerable powers*, 의회가 반대 의사를 표명하지 않는 한 그 직책을 유지할 수 있는 총리와 각료의 존재이다.[43] 이원정부제는 대통령제와 달리 의회가 내각을 불신임할 수 있다. 또한 내각제의 대통령이 실권이 없는 것과 달리 이원정부제의 대통령은 강력한 권한을 갖는다.

앞서 양당체제의 문제점을 논하면서 프랑스 제3공화국과 제4공화국의 사례를 언급하였다. 프랑스 제3·4공화국은 의원내각제로서 의회에 강력한 권한이 주어졌으나, 정당 체계의 극심한 분절과 분극화로 인해 효과적으로 작동하지 못했다.[44] 프랑스 제3공화국의 경우 1872년부터 1928년까지 무려 68개의 내각이 구성되

파리 샹젤리제
거리에 있는
샤를 드골 동상

었다가 해체되기를 반복했다. 제4공화국의 경우에도 급진 좌파와
급진 우파가 의회 내에서 다수 의석을 차지하고 있었기 때문에
중도의 '제3세력'이 다른 정당을 설득하여 의회 내 과반의 지지를
이끌어 내기 어려웠다. 그런 와중에 1958년 프랑스 식민지였던 알
제리에서 소요가 발생하고, 알제리 독립운동을 두고 프랑스 사회
가 양분되자, 군부 쿠데타 가능성이 높아졌다. 그리고 1958년 6월
비상 권한을 부여받은 드골에 의해 현재까지 유지되고 있는 프랑
스 제5공화국의 헌법이 확정되었다. 대통령의 강력한 권력으로
정치적 안정을 추구하려는 드골과 과거 의원내각제의 기득권을
유지하려는 제4공화국 집권 세력이 서로 타협하여, 의원내각제와
대통령중심제의 혼합형으로 만들어 낸 것이 바로 프랑스 제5공화

국의 헌법이다.

프랑스 제5공화국 통치체제의 대표적 특징은 의회의 약화에 동반한 대통령 권한의 강화이다. 제5공화국의 헌법, 즉 현재 프랑스 헌법은 의회의 동의 없이 대통령이 총리를 임명할 수 있고(제8조 제1항), 의회의 내각불신임 요건을 더 강화한 것이 특징이다(제49조 제2항). 또한 입법사항을 헌법에 명시함으로써 의회의 권한을 제한하고, 그 이외의 영역에서 대통령과 행정부의 행정명령이 가능하다(제34조). 게다가 프랑스의 대통령은 미국식 대통령제와 다르게 의회를 해산하고 새로운 총선을 치를 수 있는 권한을 가지고 있으며(제12조), 비상대권도 가지고 있다(제16조).

프랑스 헌법 제12조

① 대통령은 총리, 양원의 의장과 협의한 후 하원의 해산을 선포할 수 있다.

② 총선거는 하원 해산 후 20일 내지 40일 이내에 실시된다.

프랑스 헌법 제16조

① 공화국의 제도·국가의 독립·영토의 보전·국제협약의 집행이 심각하고 직접적으로 위협받고, 헌법에 의한 공권력의 정상적인 기능이 정지되는 경우에 공화국 대통령은 총리·양원의 의장·헌법위원회 위원장과 공식 협의를 거친 후 필요한 조치를 취한다.

이와 같이 프랑스 대통령은 미국식 제왕적 대통령보다 더 강력한 권한을 가지고 있는데, 이에 대해 존 킬러와 마틴 샤인은 "과대권력의 대통령제*hyperpresidential*"[45]라고 지적했다.

2) 이원정부제는 과연 분권형 대통령제일까?

우리나라에서 제왕적 대통령제의 문제점이 드러날 때마다 대표적인 대안으로 제시되는 것이 '분권형 대통령제'이다. 아마도 이원정부제를 '분권형 대통령제'라고 부르게 된 계기가 된 것이 아래 논문으로 추정된다.

> 분권형 대통령제란 전 국민적 정통성에 독립적 기반을 둔 초당적 실권 대통령으로서의 '국가수반'과 의회의 신임 여부에 종속된 당파적 실권 총리로서의 정부 수반이 분권적으로 공존하는 협력적 정부 제도이다.[46]

하지만 앞에서 살펴본 것처럼 프랑스 제5공화국 헌법의 이원정부제는 실제로 분권적이지 않다. 드골 다음이었던 제2대 조르주 퐁피두 대통령은 전형적인 보수파인데 반해 샤방 델마스 총리는 진보적 입장이었고, 복지 정책을 두고 서로 마찰이 생겼다. 그러자 퐁피두는 1972년 델마스를 해임하고 자기 측근인 피에르 메

스메르를 총리로 임명하였다. 제5공화국 제3대 대통령인 지스카르 데스탱 대통령도 임기 초 시라크를 총리로 임명했다가 경제정책에서 갈등이 생겨 시라크를 해임하고 레몽 바르를 총리로 임명했다. 프랑스의 대통령은 언제든지 총리를 자기 마음대로 해임할 수 있는 권한을 가졌던 것이다. 대통령이 총리를 마음대로 해임할 수 없는 때는 대통령의 소속 정당이 의회의 소수당인 경우, 즉 '동거 정부(코아비타시옹^{Cohabitation})'인 경우뿐이다.

프랑스 헌법 제8조
① 대통령은 총리를 임명한다. 총리가 정부에 사퇴서를 제출하면 대통령은 총리를 해임한다.

위 조항에 의하면 총리가 사퇴서를 제출할 때 총리를 해임할 수 있을 뿐 그 외의 해임 권한을 명시하고 있지 않다. 하지만 아무런 제한 없이 총리를 임명할 수 있는 권한이 먼저 명시되어 있어 프랑스 대통령은 총리를 자기 의지대로 해임할 수 있다고 해석되고 있다. 다만 이러한 해석은 대통령의 소속 정당이 의회에서 다수당인 경우로 제한된다. 결국 이원정부제에 대한 논의의 실질적인 핵심은, 그 제도 자체가 대통령제로 운영되는가 아니면 내각제로 운영되는가라는 문제가 아니라, '대통령이 최고 권력자인가 아니면 총리가 최고 권력자인가'의 문제라고 할 수 있다.[47] 다른 말로 표현하면, '누가 총리와 내각을 지명할 수 있는 권한을 갖느냐'

가 문제이다.

　대통령의 소속 정당이 의회에서 다수당이 될 때, 대통령이 총리를 임명하고 내각 구성에도 관여하므로 실제로 대통령중심제로 운영되어 대통령이 총리보다 우위에 서게 된다. 이런 경우에는 대통령이 국가원수뿐만 아니라 정부 수반의 역할을 수행하게 되고 총리는 대통령을 보좌하는 위치가 된다. 한편 대통령과 총리가 각기 다른 정당에서 나오는 '동거 정부'의 경우에는 대통령과 총리의 권한이 헌법적으로 명확하게 구분된 것이 아니어서 정국 불안을 초래하는 계기가 되었다.

　프랑스에서 제5공화국 출범 이래로 이른바 좌우 동거 정부가 세 번 있었다. 이러한 대통령과 의회의 갈등이 이원정부제의 특징적인 위험인데, 독일 바이마르공화국의 실패가 이 같은 정국 불안의 대표적인 사례이다. 대통령이 의회 내 다수 의석을 확보하여 안정적인 정부 운영을 할 수 없는 상황에서, 자신에게 주어진 강력한 권한을 이용하여 이를 '무리하게 극복하려는' 시도가 궁극적으로 바이마르공화국의 붕괴로 이어지게 되었다.[48]

3) 스위스 ― 진정한 분권형 정부 모델

대통령이 총리를 해임할 수 있다는 사실은 그 둘이 권력을 분할하여 가지지 않았다는 것을 의미한다. 뒤베르제의 지적대로 프랑스의 이원정부제는 대통령제와 내각제가 혼합된 것이 아니라, 두 통치형태가 때때로 교체하는*alternate* 것이다.[49] 애초에 이원정부제를 '분권형 대통령제'라고 명명했던 것 자체가 심각한 오류였다.

이원정부제가 대통령제로 운영될 경우에는 현재 우리가 가지고 있는 제왕적 대통령의 문제점이 고스란히 재현될 것이며, 오히려 더 강화될 여지마저 있다. 왜냐하면 의회해산권과 비상대권을 가진 이원정부제의 대통령이 미국식 대통령보다 더 큰 권한을 가지고 있기 때문이다.

한편 이원정부제를 분권형 대통령제로 해석하는 근거로 대통령은 국방과 외교에 대해 권한을 가지고, 총리는 내치를 담당한다는 것을 들지만, 프랑스 헌법은 그렇게 명백하지 않다. 애초부터 제5공화국 헌법은 동거 정부를 예상하지 못했던 것이다. 실제로 동거 정부는 '두 명의 황제'가 옹립된 것과 같아서 대통령과 총리의 갈등을 초래했고, 이러한 갈등은 권력 통제가 아닌 정치의 교착으로 귀결되었다.

프랑스 헌법 제20조

① 정부는 국가의 정책을 결정하고 추진한다.

프랑스 헌법 제21조

① 총리는 정부의 활동을 지휘한다. 총리는 국방에 대한 책임을 가진다. 총리는 법의 집행을 보장한다. 제13조에 따라 총리는

행정입법제정권을 행사하며, 일반 공무원 및 군 공무원을 임명한다.

② 총리는 그 권한의 일부를 장관에게 위임할 수 있다.

③ 총리는 공화국 대통령을 대리하여 제15조에서 규정된 국방최고회의와 국방최고위원회를 주재할 수 있다.

④ 총리는 명시적인 위임을 받아 특정한 의사일정에 한하여 예외적으로 공화국 대통령을 대리해서 국무회의를 주재할 수 있다.

프랑스 헌법 제22조

① 총리의 행위에 대해 그 집행을 담당하는 장관이 부서할 수 있다.

프랑스 헌법 제20조 제1항과 제21조 제1항은 총리의 막강한 권한을 규정하고 있다. 하지만 제21조 제3항과 제4항이 총리의 대통령에 대한 열위 관계를 명시하였고, 제8조 제1항에 따라 도출되는 대통령의 총리해임권에 의해 총리의 권한은 현실적으로 제한된다. 그런데 대통령으로부터 해임되지 않는 동거 정부의 총리는 제21조 제3항과 제4항의 제한 없이 오롯이 제21조 제1항의 권한을 완전히 행사할 수 있게 된다. 즉, 프랑스 대통령으로부터 지시를 받지 않는 동거 정부의 총리는 대통령의 전형적인 징표인 '1인 행정부'의 특징을 보이게 된다.

프랑스 헌법 제22조는 각부 업무의 주체를 장관이 아닌 총리로 정하고, 다만 장관이 연대하여 책임을 진다는 뜻으로 부서의 책임만을 부과하였다. 이것은 소관 사무에 대해 자주적으로 결정할 수 있는 독일연방의 장관과 완전히 다르며(독일연방 기본법 제65조), 실제로 대통령제에 가깝다.

결국 동거 정부는 대통령과 총리가 서로 권한을 나누는 것이 아니라, 충돌할 개연성을 가지는 두 명의 '1인 행정부'의 대립과 교착상태인 것이다. 그리고 대통령과 총리라는 이원적 통치 주체 사이의 갈등은 민주주의의 발전과 무관한 권력자들의 정쟁에 불과하다는 점 또한 주목해야 한다.

따라서 프랑스의 이원정부제보다는 독일의 의원내각제처럼 장관이 자기 사무를 자주적으로 결정하고, 각부의 영역이 중첩되는 때에는 수상 개인이 아닌 내각 전체가 협의하는 형태가 오히려 '진정한 분권형 정부'에 가깝다고 할 수 있다.

그런데 독일연방 기본법보다 훨씬 더 진화한 형태가 있는데, 그것은 바로 스위스연방 헌법이다. 스위스는 의원내각제를 넘어서 회의정부제라고 불리는데, 내각제의 수상에 해당하는 지위를 대통령으로 지칭하고, 내각은 특별히 '각의(내각회의)'라고 번역된다.

스위스의 하원은 칸톤*kanton*이라 불리는 각 주를 단위로 하여 완전한 비례대표제로 선출되며, 하원의 의석 비율에 따라 4년 임기의 연방 각의 7명 각료의 구성 비율이 정해진다. 스위스연방의 대통령이 연방 각의의 의장이 되지만, 단지 의장일 뿐 특별히 우월한 권한을 가지지는 않는다. 임기는 1년이며 연임할 수 없다. 중요한 것은 각 부가 나뉘어 있음에도 연방 각의가 합의체로서 결정한다는 점이다.

독일식 의원내각제가 미국식 대통령제나 프랑스식 이원정부제에 비해 좀 더 분권적일지라도, 다시 각부 연방 장관의 권력 남용 여지가 있다는 점은 부인할 수 없다. 그러한 점에서 스위스연방 헌법은 진정한 분권형 정부의 모델을 시사한다.

스위스연방 헌법 제177조(합의체 및 행정부처제 원칙)

① 연방 각의는 합의체에서 결정한다.

② 연방 각의 결정의 준비와 집행을 위한 사무는 각 부처별 구성원들에게 분배된다.

③ 연방 각의의 사무는 각 부 또는 그에 소속된 행정기관에 위임할 수 있다. 이 경우 불복 심판이 보장되어야 한다.

스위스연방 헌법 제178조(연방 행정)

① 연방 각의는 연방 행정을 지휘한다. 연방 각의는 연방 행정의 합리적인 조직을 보장하고 연방 각의에 위임된 임무를 효율적으로 수행하기 위해 노력한다.

② 연방 행정은 각 부로 분할된다. 각 부는 각각 연방 각의의 각료 1명이 지휘한다.

연방 행정에 관한 스위스연방헌법 제3장 각 조문의 주어는 모두 '연방 각의는'으로 되어 있다. 즉 연방 각의가 합의체로서 모든 정책 결정을 내리는 것이다. 이미 하원의 각 정당의 의석 비율에 따라 연방 각의가 구성되었기 때문에, 야당의 거부에 의한 정치 교착이 있을 수 없다. 또한 한 개인에게 모든 권한을 집중시킨 것이 아니므로 권력 남용의 여지도 더 적다. 여기서, 한 개인에게 모든 권한을 집중시켜 부패의 원인을 초래하면서, 막상 견제 수단이 되어야 할 야당은 거부권을 통해 권력을 통제한다기보다 정치 교착만을 낳는 대통령제나 이원정부제의 모순적 상황과 비교해 볼 필요가 있다.

6장_의원내각제 분석

의원내각제는 불안정한 정치체제인가?

1) 영국 내각제와 독일 내각제

'웨스트민스터 모델'이라고도 부르는 영국 내각제의 대표적인 특징은 내각이 단일 정당에 의해 장악된다는 점이다. 그리고 이를 뒷받침하는 것이 소선거구제 및 단순 다수 대표제에 의한 양당체제라는 사실은 앞에서 설명하였다.

영국에서의 실제 투표 결과를 보면 1945년 이래 어떤 선거에서도 유권자의 유효 투표수 50% 이상을 얻은 정당이 없었고, 제3당인 자유민주당은 총선 때마다 20% 내외의 득표율을 기록했다. 예를 들어 2005년 영국 총선에서 자유민주당이 22.1%를 득표했음에도 전체 646석 중 9.6%인 62석을 얻는데 그쳤다. 그러나 노동당은 35.3%에 불과한 득표율로 전체 의석의 55.1%에 해당하는 356석을 획득했다. 이것을 가리켜 '제조된 다수*manufactured majority*'라고 부른다.

다른 '연립정부형 내각제'에서는 의회가 내각을 통제하는 것과 달리, 웨스트민스터형 내각제에서는 내각이 의회를 지배하는데, 그렇게 할 수 있는 이유는 단일 정당에 의해 내각이 구성되기 때문이다. 즉 영국 총리는 단독으로 의회 내 과반수를 차지하고 있으므로 야당이 주도하는 의회의 불신임 투표로부터 자유로우며, 대통령제에서 나타나는 분점 정부의 정치 교착을 겪지 않는다. 그런 의미에서 미국 대통령보다 영국 총리가 더욱 강한 권력을 갖고 있다고 평가되기도 하고, 그런 이유로 영국 총리를 '선출된 독재elective dictatorship'[50]라고 부르기도 한다.[51]

1949년 독일연방 기본법에 의해 성립된 독일 내각제는 바이마르공화국의 붕괴와 그에 이은 히틀러의 체제를 반성한 결과였다. 그래서 독일 내각제는 기본적으로 독재자와 극단주의 정당의 출현을 방지하면서도 정치적 안정을 꾀하려는 시도를 포함하고 있다. 독재자를 방지하기 위해 권력분립을 강화하고 대통령 권한을 축소하였으며, 극단주의 정당의 출현을 막기 위해 선거법에 비례대표 투표에서 득표율 5%를 넘지 않으면 원내 진입을 막는 진입 장벽을 두었다. 그리고 정치적 안정을 꾀하기 위해 '건설적 불신임 투표제도'를 두었는데, 이것이 독일 내각제에서 가장 중요한 특징이다. 의회가 후임 수상을 먼저 합의해야만 현재의 수상과 내각을 불신임할 수 있게 하는 제도이다. 다만 불신임 권한을 제한한 대신 수상에게는 의회 해산권이 없다.

독일연방 기본법 제67조(불신임 투표)

① 연방 의회는 그 재적 의원의 과반수로 후임자를 선출하고 연방 대통령에게 연방 수상의 해임을 요청하는 방법으로서만 연방 수상에 대한 불신임을 표명할 수 있다. 연방 대통령은 이 요청에 따라야 하고 선출된 자를 임명해야 한다.

② 동의와 선거에는 48시간의 간격이 있어야 한다.

현행 독일연방 기본법 이후 두 번의 불신임 투표가 있었는데, 그 중 한 번만 성공하였다. 1972년 당시 사민당 총리였던 빌리 브란트를 불신임하고 기민당 당수였던 라이너 바르젤을 후임으로 선출하려고 했는데, 2표 차이로 부결되었다. 그리고 1982년 사민당 헬무트 슈미트 총리에 대해, 자민당과 연합한 기민당이 헬무트 콜을 후임 총리로 합의하고서 불신임 투표를 통과했다. 1949년 콘라드 아데나워 이래 2017년 앙겔라 메르켈까지 총리가 8명에 불과했고, 불신임 투표 역시 단 한 번 성공했다는 점에서 건설적 불신임 투표제도는 독일의 정치 안정에 기여했다고 평가된다.[52]

사르토리는 내각제의 총리를 다음의 세 가지 형태로 구분하였다.

① 각료들의 권한이 동등하지 않지만 총리는 다른 어느 누구와도 비교할 수 없이 우위에 있는 존재 (first above unequals)

② 각료들의 권한이 동등하지 않은 가운데 총리는 그들 중 으

뜸 (first among unequals)

③ 총리는 상호 동등한 권한을 갖는 각료들 가운데 으뜸 (first among equals) [53]

일반적으로 첫 번째 형태가 영국, 두 번째 형태가 독일, 세 번째 형태가 보통의 연립정부형 내각제의 모델이라고 평가한다. 독일의 경우 연방 장관이 소관 사무를 자주적으로 결정할 수 있다고 규정한 독일연방 기본법 제65조의 문구만을 따진다면 세 번째 형태로 보이지만, 실제로 독일연방 수상의 권한은 기본법의 문구보다 좀 더 강하게 보장되는 형태로 운영되고 있기 때문에 두 번째 형태로 분류된다.

아래의 내각제에 관한 논의에서 영국 내각제와 독일 내각제는 제외하고자 한다. 영국의 웨스트민스터 모델은 소선거구·단순다수 대표로 인한 유권자의 의사 왜곡, 양당체제로 인한 새로운 정치 엘리트의 진입 차단, 지나치게 수상에게 집중된 권력, 내각제가 가지는 유연한 합의 모델과 배치되는 집권당의 독선 가능성 등의 문제점이 있기 때문이다. 앞서 설명한 바처럼 의원내각제를 합의민주주의의 정부 형태로 구분하는 아렌드 레이프하트도 웨스트민스터 모델은 대통령제와 유사한 다수결 모델로 분류하였다. 또한 독일연방 기본법의 건설적 불신임 투표제도는 오히려 지배 정당의 교체를 방해하여 부패와 무능력을 온존시키는 악폐로 작용될 여지가 있기 때문에 독일식 모델도 제외한다.

스웨덴 사회민주당은 1932년부터 1976년까지 45년에 걸쳐 연속해서 집권하였으며, 엘란더 수상은 1946년부터 1969년까지 23년 동안 수상으로 재임하였다. 그 시간은 전 세계에 모범이 되는 복지국가의 모델을 구축했던 스웨덴의 황금기였다. 굳이 건설적 불신임 투표제도를 통하지 않고도 시민의 민주적 성숙과 정당에 대한 견제를 바탕으로 내각제의 정치적 안정을 꾀할 수 있는 것이다.

2) 의원내각제의 특징

의원내각제의 첫 번째 특징은 '집단 책임의 원칙'이다. 대통령제에서는 대통령 1인이 집권하지만 내각제는 정당이 집단적으로 집권한다. 내각 전체가 집단적으로 공동 책임을 지는 것이므로, 내각의 결정에 반대 의견을 표명하려면 각료직을 사임해야 한다.

두 번째 특징은 정치 상황에 대한 유연한 대응이다. 대통령에게 심각한 부패와 무능력이 드러나도 그 임기가 고정되어 있기 때문에 쉽게 해임할 수 없고 탄핵이라는 대단히 엄격한 절차에 의존해야 하는 대통령제와 비교하여, 내각제에서는 총리나 각료에게 부패와 무능력의 문제가 나타나면, 의회가 불신임하거나 연립정부의 소수당이 이탈함으로써 내각을 실각시켜 새로운 권력으로 교체할 수 있다.

세 번째 특징은 '합의제 모델'이라는 점이다. 내각 전체가 공동 책임을 진다는 것은 그 이전에 내각의 결정에 합의 과정이 전제되었다는 뜻이며, 합의를 필요로 한다는 것은 권한이 나뉘어 있다는 사실을 의미한다. 이것은 '1인 행정부'인 대통령이 내각의 합의를 필요로 하지 않는 것과 비견된다.

한편 어느 정당도 과반수를 얻지 못한 경우에도 연립정부를 구성함으로써 합의제 정치를 실현할 수 있다. 이러한 연립정부는 미국식 대통령제에서 나타나는 여소야대, 즉 '분점 정부'의 정치 교착이라는 문제점을 피할 수 있다.

웨스트민스터 모델이 아닌 일반적인 연립정부형 의원내각제, 즉 비례대표제에 의한 다당체제 의원내각제의 독보적인 특징이 있다. 그것은 새로운 정치 세력의 태동과 성장을 가능하게 한다는 점이다. 새로운 정치 세력이 쉽게 성장할 수 있다는 것은 곧 기존 지배 세력을 좀 더 쉽게 교체할 수 있는 가능성이 높아진다는 뜻이다.

2006년 스웨덴에 '해적당*Piratpartiet*'이 설립되었다. 이후 해적당은 유럽 대다수의 국가에 설립되었고, 유럽의회에도 진출하였다. 2016년 10월 조기 총선에서 아이슬란드 해적당은 공동 제2당에까지 올랐다.

2014년에 창당한 스페인의 '포데모스*Podemos*'는 30년 동안 스페인 정치를 양분해 온 우파 인민당과 중도 좌파 사회노동당의 양당체제를 깨고, 2015년 12월 20일 제3당으로 급부상을 하였다. 불과 1

년 만에 이루어 낸 성과였다.

한편 스페인의 포데모스와 함께 거론되는 이탈리아의 '오성운동*Movimento 5 Stelle*'도 2009년에 창당하여 2013년 총선에서 원내 제3당이 되었다. 오성운동은 2018년 상반기에 치러질 이탈리아 총선에서 집권 민주당과 실비오 베를루스코니 전 총리가 이끄는 중도 우파 연합을 물리치고 첫 집권을 노리고 있다.

해적당이나 포데모스, 오성운동의 이데올로기에 대한 옳고 그름에 대한 판단은 차치하고, 이들 신생 정당이 단 몇 년 만에 비약적으로 성장할 수 있는 배경이 무엇인지부터 주시해야 한다. 그 배경은 바로 중·대선거구제 아래 비례대표제가 강화된 다당체제 아래에서의 순수 의원내각제였다. 만약 현재 우리나라의 정치체제 아래에서라면 가능했을까? 우리의 경우 지금 체제에서는 정의당이나 녹색당과 같은 군소 정당은 10년이 아니라 100년이 지나도 집권하는 것이 불가능하다. 우리보다 200여 년을 앞서서 대통령제를 이끌어 왔던 미국의 사례가 그 증거이다.

케네디(민주당)와 닉슨(공화당)이 대결했던 1960년 미국 대통령 선거에서 사회노동당, 주권당, 입헌당의 후보들도 있었으나 지금 미국에서 그런 정당이 있었다는 사실을 기억하는 사람이 거의 없다는 이야기는 이미 언급하였다.

한 가지 추가되어야 할 핵심적인 특징은 의원내각제가 신생 정당의 발전 경로를 자연스럽게 지원한다는 점이다. 대통령제에서 제3당은 전략적 투표 경향으로 인해 얼마 지나지 않아 소멸될 운명에 처하지만, 의원내각제에서 제3당은 연립정부의 파트너로서 집권할 수 있기 때문에 잠재적인 성장 가능성을 가진다. 즉 신생 정당이 제3당으로 성장하고, 연립정부의 소수당으로 참가하였다가 대중들의 신임을 얻어 제1당으로 발전할 수 있는 자연스러운 성장이 가능한 것이다. 대통령제에서 거대 양당이 제도적으로 신생 정당을 억압하는 것과 크게 구별된다. 민주당이 독일식 연동형 비례대표제를 담은 선거법안을 국회에서 통과시키지 않고 계속 계류시키고 있는 이유는 그들이 양당체제 아래의 거대 정당으로서 소선거구제와 단순 다수 대표제의 막대한 이익을 자유한국당과 함께 누리고 있기 때문이다.

대한민국의 지식인들 중에 의원내각제 채택을 달갑지 않게 생각하는 사람들 대부분이 말하는 이유는 여의도를 신뢰할 수 없다는 것이다. 하지만 이들은 '신뢰할 수 없는 여의도'를 계속 고착시키는 것이 바로 대통령제라는 점을 간과하고 있다. 새로운 인적 구성으로 의회 자체를 물갈이할 수 있는 체제는 의원내각제일 수밖에 없다. 위에서 언급했던 유럽의 해적당, 스페인의 포데모스, 이탈리아의 오성운동이 살아 있는 사례이다.

우리나라에서 제3당은 누가 될 수 있을까? 일단 2016년 1월 민주당에서 분당한 국민의당이나 2017년 1월 박근혜 탄핵 과정에서 새누리당으로부터 분당한 바른정당은 제외해야 한다. 그들은 제3당이라기보다는 교체되어야 할 구체제 세력에 속한다. 그러므로 '새로운 엘리트로서의 제3세력이 어떻게 형성되는가'라는 문제는 대단히 중요한 의미를 가진다. 제3세력의 형성이 쉬워질수록 구체제 세력의 교체 가능성이 커지기 때문이다. 반면 새로운 엘리트의 형성이 종전 지배 엘리트의 도제 관계(비서관 또는 보좌관 등)나 종속 관계(공천 등)에 의존할수록 제3세력의 태동은 그에 반비례할 것이다.

3) 의원내각제의 문제점

무능력하거나 정치적 상황에 대처하지 못하는 내각을 유연하게 실각시킬 수 있다는 의원내각제의 장점은 거꾸로 '정당의 난립'과 '내각의 잦은 교체'로 인해 정치적으로 불안정하다는 비판으로 이어진다. 내각제의 불안정성에 대한 대표적 사례는 앞에서도 여러 번 언급했듯이 프랑스 제3·4공화국이다. 프랑스 제3공화국은 1870년부터 1940년까지 70년 동안 내각이 104회 바뀌었고, 제4공화국은 1946년부터 1958년까지 12년 동안 내각이 25회 교체되었다. 한편 이탈리아에서도 1945년부터 2001년까지 59회의 내각교체가 있었고, 각 내각의 평균 집권 기간이 10개월에 불과했다.

　앞에서 의원내각제가 신생 정당을 좀 더 쉽게 성장시키고 구세력을 교체할 수 있는 토대라고 설명하였다. 하지만 양당체제가 아닌 다당체제에서는 안정적인 과반 의석을 확보하기 어려운 탓에 야당이 주도하는 불신임에 대단히 취약하여, 내각의 불안정을 초래한다고 비판을 받고 있다. 그런데 그 이면을 살피면 정치 불안정의 원인은 다른 곳에 있다는 것을 알 수 있다. 프랑스 제4공화국의 경우에, 1951년 선거에서 급진 좌파인 공산당이 25.9% 그리고 급진 우파인 프랑스국민연합(RPF, 드골주의정당)이 21.7%를 득표하여 이들 두 과격 정당이 47.6%를 차지하였던 것처럼, 급진 좌파와 급진 우파가 의회 내에서 다수 의석을 차지하고 있었기 때문에 중도의 '제3세력'이 다른 정당을 설득하여 의회 내 과반의 지지를 이끌어 내기 어려웠다.[54] 또, 이원정부제였던 독일 바이마르공화국에서도 유사한 현상이 있었는데, 공산당과 같은 극좌나 나치와 국가인민당과 같은 극우의 극단주의적인 정당도 쉽사리 의회에 진출하여, '파편화*fragmented*'되고 '극화된*polarized*' 정당체제로 인해 내각 구성을 위한 총리 선출조차 제대로 의회에서 이뤄지기 어려운 경우가 많았다.[55]

이렇듯 프랑스 제3·4공화국의 정치적 불안정은 의원내각제 때문이 아니고 극단적인 정당체제로 인한 것이며, 이는 독일 바이마르공화국의 실패와 궤를 같이 한다. 설령 대통령제였다고 하더라도 이 같은 정당체제였다면 '분점 정부'로 인한 정치 교착을 피할 수 없었을 것이다. 요컨대 극단적인 정당을 추종하는 유권자들의 저열함과 합의와 토론보다는 적대적 투쟁을 선호했던 정당정치의 낙후한 수준에서 원인을 찾아야 한다.

결국 앞서 정당제도를 논하면서 내렸던 결론처럼, 위와 같은 상황에서는 정당 간 적대적 투쟁이 아닌 합의에 의한 정치 모델을 발전시켜 나가는 것으로 해결해야 하지, 의원내각제에 그 원인을 돌려서는 안 된다. 그리고 유권자들로 하여금 영웅주의에 대한 추종을 배격하고 스스로의 주권 의식을 고양시켜 극단적인 정당을 배척하게 함으로써 해결할 문제인 것이다. 따라서 프랑스 제3·4공화국의 사례를 이유로 의원내각제를 비난할 수 없으며, 또한 같은 이유로 제3세력의 태동 자체를 억제하는 인위적인 양당체제를 정당화할 수 없다.

4) '간선제 대통령'의 트라우마와 '직선제 대통령'의 역설

이렇듯 일반적으로 내각제의 문제점으로 논의되는 것이 군소 정당의 난립과 내각의 잦은 교체로 인한 정치적 불안정인데, 우리 대한민국에서는 그것과 별개로 의원내각제에 대한 특별한 거부감이 있다. 우리 국민들은 대표자를 '직접 뽑아야만' 민주적이라는 정치적 경험을 가지고 있다. 그 경험은 대통령을 간접선거로 뽑았던 박정희의 유신헌법과 전두환의 제5공화국 헌법에 대항하여, 1987년 6월 '대통령 직선제'를 항쟁으로써 얻어 낸 것을 말한다. 결국 그런 경험으로 인해 우리 국민들은 간접적으로 뽑힐 수밖에 없는 '내각제의 수상'도 민주적이지 않다고 느끼며, 정치인들의 개헌에 대한 논의 자체를 불순한 시도로 볼 수밖에 없는 것이다.

불순한 시도, 즉 정치인들이 장기적으로 그리고 안정적으로 권력을 서로 나누어 가지려는 시도라는 생각은 사실 어느 정도는 틀리지 않았다. 선거제도의 개혁 없이 이원정부제나 의원내각제를 논의하자는 우파 정당 정치인들의 의도는 불순하다고 볼 수밖에 없기 때문이다. 그렇지만 내각제의 수상은 권한이 '분점'된 합의제기관의 수장일 뿐 대통령과 같은 '1인 행정부'가 아니어서 대통령과 동일시할 수 없는데, 하물며 유신헌법의 대통령과 내각제의 수상을 동렬에서 비교하는 것은 옳지 않다. 문제는 이른바 '직접 뽑는 것'의 정치적 의미이다. 당연히 유권자는 자신의 대표자를 직접 뽑아야 하므로, 간선제보다 직선제가 더 민주적이다.

그런데 여러 명의 국회의원을 직접 뽑는 것과 단 한 명의 대통령을 직접 뽑는 것은 전혀 다른 차원의 논점을 가지고 있다. 국회의원은 여러 명을 뽑아 정당별 당선자의 비율로 연합을 시도하여 내각을 구성할 수 있지만, 대통령이라는 자리는 나눌 수 없기 때문에 불가피하게 전략적 투표의 경향이 나타날 수밖에 없다. 이것이 직선제 대통령제의 첫 번째 정치적 역설이다. 요컨대 민주적일 것 같은 직선제가 반민주적인 결과를 낳게 되는데, 그 원인은 대통령제라는 통치 구조에 있다는 것이다. 대통령제는 제3당, 제4당의 지지자들로 하여금 당선 가능성을 빌미로 제1당이나 제2당의 후보에게 전략적으로 투표하도록 강요하고, 이로써 과두 독재 성향의 양당체제를 훨씬 더 강하게 고착시킨다. 이것은 의원내각제에서 제3당에 대한 유권자들의 지지가 왜곡되지 않고 반영되는 것과 비교된다. 의원내각제의 제3당은 연립정부를 구성할 수 있는 지위를 가지고 있어서, 전략적 투표 경향에 의해 희생당하지 않기 때문이다.

다음으로 탄핵이라는 아주 까다로운 절차가 아니면 그 임기가 끝날 때까지 대통령을 쉽게 해임할 수 없다는 것이 직선제 대통령제의 두 번째 정치적 역설이다. 대통령은 유권자들이 직접 뽑았기 때문에 대통령제의 헌법기관 중에서 유권자들로부터 가장 많은 신임을 받는다. 그런 자를 누가 감히 해임할 수 있겠는가? 신임을 받아 직접 뽑았다는 사실이 바로 '대통령의 해임 불가능성'의 이론적 근거가 되며, 이것이 대통령제를 부패시키는 중요한 원인이 된다.

직선제의 세 번째 역설은 국민으로부터 직접 신임을 받았다는 그 형식 때문에, 대통령에게 권력이 집중되는 것을 정당화한다는 점이다. 즉 직접 뽑았다는 이유로 대통령에게 '더 강한 권력'을 부여하게 되는 것이다. 이로써 민주주의에 의해 통치권을 장악했지만, '절대 권력'을 휘두르는 '제1인자'가 탄생하게 된다. 즉, 직접 뽑았다는 사실이 입헌 독재로서의 보나파르트주의^{Bonapartisme} 또는 카이사르주의^{Césarisme}의 계기가 된 것과 같다.

직선제 대통령제의 마지막 역설은 '영웅에 대한 숭배와 복종'을 강화시킨다는 점이다. 자신이 직접 뽑았기 때문에 유권자들은 대통령에 대하여 감정적 동조 현상을 더 심하게 느끼고, 그 감정은 '영웅 숭배'로 이어진다. 내각제의 수상에게는 숭배와 복종의 문제가 상대적으로 덜할 수밖에 없는데, 그 이유는 신임의 대상이 '자연인'이 아닌 '정당'이기 때문이다. 즉 '지배자와 대중의 단절', 즉 '영웅 숭배로부터의 탈출'이라는 관점에서도 의원내각제가 좀 더 나을 수밖에 없을 것이다. 의원내각제에서는 "총리가 누구냐 하는 것보다 어느 정당이 집권하고 있느냐 하는 것이 보다 중요 하며, 따라서 총리의 교체에도 불구하고 정책의 일관성은 큰 틀 에서 볼 때 대체로 유지"[56]되기 때문이다. 그러나 다만 상대적으 로 좀 덜하다는 것이지, 의원내각제가 되더라도 수상 또는 당수와 지배 정당에 대한 대중들의 숭배와 복종은 쉽게 종결되지는 않을 것이다. 왜냐하면 '숭배와 복종'을 단절시키는 것은 지배받는 자 들 자신이 '스스로' 해결해야 할 문제이기 때문이다. 하지만 어떤 경우에도 좀 더 나은 제도를 선택하는 것이 당연히 합리적이다.

의원내각제 국가인 이스라엘에서 1996년 5월, 국가원수가 아닌 내각의 수반인 총리를 직선제로 선출하였다. 그런데 공교롭게도 총리를 직선제로 뽑게 되자 직선제 대통령제의 문제적 현상들이 그대로 나타났다. 총리 선택과 정당 선택을 달리하는 '분리 투표' 경향이 나타났고, 여소야대로 인한 '분점 정부'의 문제점이 야기 되었다. 총리가 대통령제의 대통령처럼 유권자들의 직선으로 선 출됨으로써 의회와 총리 간의 이원적 정통성이 존재하게 되었고 이에 따른 갈등이 생겨나게 된 것이다.[57]

결국 이스라엘은 2003년 선거부터 직선제 총리 선출을 폐지하 였다. 아렌드 레이프하트도 이스라엘의 직선제 총리를 "수상이라고 불리는 것을 제외하고는 대통령제의 특수한 형태와 매우 유사"[58]하다고 함으로써 실질적으로는 대통령제로 분류하였다.

5) 스웨덴 ─ 사회적 합의를 이끌어 내는 정치 모델

사회적인 대타협을 통하여 수준 높은 보편적 복지국가와 효율 및 성장을 중시하는 경제 제도를 동시에 발전시킨 사례가 있는데, 그것은 다름 아닌 스웨덴이다. 스웨덴 사민당과 노조 지도부는 사회적 수준에서 단체 협상의 제도화와 연대 임금제 실시, 국가적 수준에서는 사회 세력 간 이해관계의 민주적 코포라티즘*corporatism*(협동조합주의) 조정과 보편적 복지국가의 수립으로 계급 간 타협 방식을 제도화했다. 전 세계가 적대적 계급투쟁의 소용돌이에 빠져 있던 20세기 초 스웨덴 사민당은 일찍부터 노사문제의 제도화를 시도하여 1935년 노사정 간 산업 평화 협상을 이끌어 냈다.

1936년 총선으로 재집권한 사민당 정부의 중재로 LO(생산직 노조연맹)와 SAF(스웨덴사용자연맹)는 스톡홀름 근교의 휴양지인 살트요바덴(Saltsjöbaden)에서 협상을 시작하여, 임금 인상 자제와 임금 협상을 제도적으로 중앙집중화한다는 데 합의함으로써, 1938년 그 유명한 살트요바덴기본협약이라는 산업 평화를 제도화하는 역사적 대타협을 이루어 냈다. 자본계급은 살트요바덴협약을 통해 자본주의 시장경제 제도 및 노동의 고용과 해고가 사용자 고유의 경영 권한임을 보장받는 대신 세금을 더 내고 노조와 사회의 감시를 받아들였다. 나아가 1950년대 중반부터는 노사정 합의에 의하여 연대 임금 정책이 시행되었는데, 연대 임금 정책은 기업의 지불능력과 관계없이 동일한 노동에 대해서 균등한 임금을 지급하는 것으로, 생산성이 높은 기업의 근로자들은 임금 인상을 자제하는 반면, 실적이 좋지 않은 기업의 근로자는 기업의 지불능력을 초과하는 임금을 받게 되는 것이다. 이로써 노동시장의 유연성과 산업합리화를 실현할 수 있었다.[59]

교조주의에 빠지지 않은 스웨덴 사회민주주의자들의 철학으로부터 이러한 사회적 대타협이 기인했던 것은 물론이다. 예를 들어 에른스트 비그포르스*Ernst Johannes Wigforss*의 말대로 "몇백 년 후에나 가능한 낙원을 상상하며 살아가는 것이 이니"기 때문에 '현재와 단절된 미래'로서의 유토피아가 아닌 현실을 유효하게 바꿀 수 있는 지속적인 정책을 마련했던 것이다.[60]

하지만 속칭 '잠정적 유토피아'라고 불리는 스웨덴 사민당의 철학 말고도 위와 같은 사회적 대타협을 이끌어 내는 원동력이 또 하나 있다. 만약 적대적 투쟁을 불러일으킬 수밖에 없는 미국식 대통령제나 영국식 웨스트민스터 모델과 같은 승자 독식 체제였다면, 위와 같이 수십 년에 걸친 사회적 합의가 가능했을까? 자본계급과 노동계급의 타협을 이끌어 냈던 살트요바덴협약도 그러하지만, 노동계급 내에서도 갈등이 있을 수밖에 없는 연대 임금 정책과 같은 수많은 정책들을 관철해 낼 수 있었던 동력은 바로 장기간에 걸쳐 사회적 합의를 확보할 수 있는 정치체제에 있었다. 정권이 바뀌면 점령군이 요새를 장악하는 것처럼 종전의 정책과 계획이 순식간에 폐기되는 승자 독식 체제에서는 감히 상상할 수 없는 성과였던 것이다.

제2부 대중의 정치 참여를 위한 구체적 방법

1장 _ 대중의 정치 참여
우리나라의 현주소

서울 지하철 5호선 광화문 역사에는 43,800시간째 한자리를 지키는 사람들이 있다. 2012년 8월, 예비 대선 후보들로부터 '장애등급제·부양의무제·장애인 수용 시설 폐지' 공약을 이끌어 내기 위해 시작한 농성이 2017년 8월 21일에 5주년을 맞았다. 그 사이 대통령이 2번 바뀌었지만 이들은 여전히 바뀐 것이 없다고 말한다. 농성장을 지키던 한 활동가는 "5년째 외치지만 시민 대부분이 부양의무제가 뭔지 모른다."고 말하면서, 문재인 정부에 기대했는데 박근혜 정부와 달라진 것이 없다고 하였다. 이형숙 공동집행위원장은 "문 정부에게 반드시 약속을 받고 승리할 때까지 광화문 농성장을 지키겠다."고 밝혔다.[61]

이것이 우리 정치에서 '대중의 정치 참여'의 현주소이다. 어떤 영웅을 지지하고, 그 영웅이 자신에게 은혜를 베풀어 주기를 '울면서 하소연'만 하는 것이 우리 민주주의의 적나라한 민낯이라는 말이다. 만약 이들에게 일정한 조건 아래 법안을 직접 발의할 수 있는 기회가 주어지고, 의회가 아닌 시민들의 투표로써 법안을 통과시킬 수 있는 절차가 있었다면, 저렇게 빌고 있지만은 않았을 것이다. 스스로 이 문제를 공론화하고, 왜 이러한 제도가 문제가 있는지, 왜 폐지되어야 하는지, 어떤 제도로 대체되어야 하는지에 관하여 다른 시민들을 설득했을 것이다. 장애인공동집행위원회가 다른 시민들을 설득하지 않고, 오로지 대통령 후보들에게 매달린 이유는 무엇이었을까? 그것은 지금 우리의 정치체제에서 시민들은 아무런 힘이 없기 때문이다.

사람을 선출하는 민주주의에서 피지배자는 권리를 쟁취하는 것이 아니라 시혜施惠를 구걸하게 된다. 따라서 그것은 참여가 아니라 추종으로 귀결될 수밖에 없다. 그렇다면 국회의원이나 대통령을 뽑는 것 말고, 도대체 시민은 어떻게 정치에 참여할 수 있을까?

주권은 양도할 수 없는 이유와 마찬가지로 대표될 수 없다. 그것은 본질적으로 보편적 의지에 있다. 그런데 이 의지는 절대로 대표될 수 없다. 그것은 그것일 뿐이거나 아니면 다른 것이다. 그 중간은 없다. 인민의 대의원은 그러므로 그들의 대표자도 아니며, 대표자가 될 수도 없다. 그들은 심부름꾼에 불과하다. 그들은 아무것도 확정적으로 결정할 수 없다. 인민이 직접 승인하지 않은 법은 어떤 법이든 무효다. 그러므로 그것은 법이 아니다.[62]

인민의 대의원은 주권을 대표할 수 없고, 그들은 확정적으로 결정할 수 있는 게 없으며, 오로지 인민의 심부름꾼일 수밖에 없다는 루소의 생각은 유토피아적 환상에 불과한가, 아니면 현실적인 정책으로 실현 가능한 이데올로기인가?

2장 _ 직접민주주의의 도구

시민발의와 국민투표

1) 직접민주주의 논쟁

시민이 직접 정치에 참여하는 것에 대해 대부분의 국가에서 부정적인 시각이 지배적이다. 왜냐하면 민주주의가 시작된 이래로 모든 절대적 지배자들이 바로 '인민투표'로써 자신의 통치권을 장악하고 절대 권력을 휘둘렀기 때문이다.

1804년 12월 보나파르트 나폴레옹은 인민투표를 통해 황제(나폴레옹 1세)에 즉위하고 나서, '헌법적으로 승인된 1인 독재(보나파르트주의)'를 구축하였다. 그리고 1852년 그의 조카 루이 보나파르트가 쿠데타를 일으켜 나폴레옹 3세로 등극하였는데 이 역시 인민투표에서 승리함으로써 가능했다. 쿠데타로써 법률을 파괴했지만, 인민의 7백만 표가 그를 무죄로 선언한 것이다.

1933년 히틀러의 수권법도 독일 인민의 절대적 지지로 통과되었으며, 박정희의 유신헌법 또한 1972년 11월 21일 국민투표에서

92.9%의 투표율에 91.5%의 압도
적인 찬성으로 확정되었다.

이러한 이유로 독일연방 기본
법은 특정 논의에 대한 국민발안
이나 국민투표와 같은 직접민주
주의 방식을 채택하지 않고 있는
데, 바이마르공화국 시대에 히틀
러의 정당이 악용했던 국민발안
을 제한하기 위해서이다.[63]

나폴레옹 1세(1769~1821)의 초상화

1869년 취리히 주의 헌법에 시민발의와 국민투표를 담고, 1874
년에 스위스연방 헌법에 선택적 국민투표를 도입하고, 1891년에
는 시민발의를 연방 차원에서 도입한 스위스에서조차, 직접민주
주의에 대한 반대는 지금까지 계속되고 있다. 직접민주주의를 반
대하는 엘리트주의자들의 주요 논거는 보통의 시민들이 '정치적
으로 미성숙'하고, '무능력'하다는 것이다.

그런데 "시민이 정치적으로 무능하다는 이미지는 '보통 시민
들'에 대한 정치인들의 우월한 권력에 대한 표현"[64]이라고 스위스
의 민주주의자들은 반박한다. 시민들에게 무능하다고 낙인찍는
행위는 기득권층이 권력을 잡을 기회와 중요한 지위를 언제나 독
점하기 위한 것일 뿐이다. 설령 엘리트주의자들의 주장처럼 보통
시민이 미성숙하고 무능력하더라도 "시민들은 간접민주주의에
서보다 시민발의와 국민투표의 과정을 통해 훌륭한 입법자로서

의 자질을 갖추어 나가게 된다."[65]는 사실을 주목해야 한다.

　직접민주주의를 통하여 이룰 수 있는 것들은 무엇일까? 시민들은 의사 결정 과정에 참여하여 최후의 발언권을 행사하게 된다. 또한 정치인은 선출되었다고 하더라도 의사 결정권을 독점할 수 없고 이를 시민과 나누어 가질 수밖에 없게 된다. 의회의 대표자들이 통과시킨 개정 헌법이나 법률이더라도 요건에 따라 의무적으로 국민투표에 부쳐지며, 유권자 5만 명 이상의 서명으로 국민투표에 회부할 수도 있다. 즉 정치인이 아닌 시민이 최후의 발언권을 가지게 되는 것이다. 최후의 발언권이란 국민투표를 가리키는데, 의회의 대표자들이 통과시킨 헌법과 법률을 시민들이 최종적으로 국민투표로써 부결시키거나 통과시킬 수 있게 된다.

　　스위스연방 헌법 제140조(의무적 국민투표)
　　(1) 다음 사항은 국민투표와 주 투표에 회부한다.
　　① 연방 헌법의 개정
　　② 집단방위 체제 또는 초국가적 공동체에의 가입
　　③ 헌법에 근거하지 않고 1년을 초과하는 효력을 가지며 그 긴급성이 선언된 연방 법률은 연방 의회가 채택한 날로부터 1년 이내에 국민투표에 회부되어야 함
　　(2) 다음 사항은 국민투표에 회부한다.
　　① 연방 헌법의 전부 개정을 위한 국민발안
　　② 연방 헌법의 일부 개정을 위해 일반적 제안 형식으로 고안

된 국민발안으로서 연방 의회에 의하여 부결된 국민발안

③ 연방 의회 양원이 모두 동의하지 아니한 경우 연방 헌법의 전부 개정 여부

스위스연방 헌법 제141조(임의적 국민투표)

(1) 유권자 5만 명 이상 또는 8개 주 이상이 법률안 공포일로부터 100일 내에 요구하는 경우에는 다음 사항을 국민투표에 회부한다.

① 연방 법률

② 1년을 초과하는 효력을 가지고 그 긴급성이 선언된 연방 법률

③ 헌법 또는 법률로 임의적 국민투표에 부칠 것이 규정된 연방 규칙

④ 다음 사항에 관한 국제조약

㉠ 항구적이거나 기간이 정하여지지 아니한 조약

㉡ 국제기구에의 가입을 규정하는 조약

㉢ 법률 규정을 정하는 주요 조항을 포함하고 있거나 그 시행에 연방 법률 채택이 필요한 조약

2008년 10월 스위스에서 열린 '제1회 세계 직접민주주의 대회'에서 칠레 산티아고 대학 정치학과 데이비드 알트만 교수는 직접민주주의의 범위를 시민발의와 시민발의에 의한 국민투표만으로 좁게 규정하고, 위로부터 기획된 국민투표, 주민참여예산제나 주

민소환제는 직접민주주의로 볼 수 없다고 주장하였다.[66]

직접민주주의에 대한 비판에서 언급되는 나폴레옹이나 히틀러의 사례는 플레비시트*Plebiscite*, 즉 위로부터 기획된 국민투표로서, 시민이 자신의 의사로써 정치적 결정을 내리는 것이 아니라 지배자가 자신의 권력을 정당화시키는 도구로만 사용되었다는 점에서 위 주장은 옳다. 또한 모든 사람이 참여하는 것이 아니고 시민단체의 대표 등 또다시 선출된 시민들만이 참여하는 주민참여예산제도 직접민주주의 제도에서 제외하는 것이 옳다. 주민소환제의 경우는 제도 자체의 긍정성은 인정되지만, 직접민주주의가 사람이 아니라 '사안'에 대해 투표하는 것이라는 점에서 진정한 의미의 직접민주주의 제도에서 제외시킨 것이다. 이는 국회의원을 직접 선출하는 것을 직접민주주의 제도라고 부르지 않는 것과 마찬가지이다.

일반적으로 직접민주주의가 대의민주주의를 부정하는 것으로 오해되지만, 사실 스위스의 직접민주주의는 대의민주주의를 보완하는 것이다. 직접민주주의의 두 축 중 하나인 시민발의는 자동차의 액셀러레이터, 국민투표는 브레이크로 비유된다. 즉 시민발의를 통해 개혁이라는 액셀러레이터를 밟았을 때, 만약 그것을 감당하기 어려울 만큼의 비용이 들어가거나 발의안을 받아들일 환경이 조성되지 않았다면 국민투표라는 브레이크가 제동을 거는 것이다.

직접민주주의에서 시민들은 정부 및 의회와 함께 정치 무대 위에서 주역의 자리를 차지하게 된다. 그리고 시민발의와 국민투표는 시민들로 하여금 자신이 주변인이 아닌 주인공이라는 사실을 자각하게 한다. 그리하여 힘 있는 집단과 힘 없는 집단 사이의 관계와 갈등들이 폭력으로 변질될 수 있는 위험을 토론과 대화로 바꾸어 놓는다. 이로써 직접민주주의는 권력의 불균형을 바로잡고, 지배와 피지배 간의 관계를 근본적으로 바꾸어 놓게 된다.

2) 스위스의 직접민주주의

2017년 9월 마크롱 프랑스 대통령은 노동조합 권한 축소와 고용 유연화 등의 노동 개혁안을 내놓았다. 한번 실직하면 최장 36개월 간 지급되는 재취업 지원 수당과 과도한 직무 훈련비 등을 줄여 기업 부담을 덜고, 경직된 노동시장을 바꾸어 고용과 해고를 모두 유연하게 하겠다는 내용이었다. 당연히 노동단체들은 반발했다. 그러나 그리스를 방문 중이던 마크롱 대통령은 2017년 9월 8일 "게으름뱅이들에게 절대 굴복하지 않겠다."고 말했고, 이에 분노한 노동단체들이 12일 총파업을 실시했다. 2017년 7월 기준 프랑스 실업률은 9.5%로 3~4%대인 독일, 영국의 2배가 넘는 수치였다.

  그런데 만약 이런 상황이 스위스에서 벌어졌다면 시민들은 어떻게 했을까? 아마도 정부 법안에 반대하는 시민과 노동자들이 스위스연방 헌법 제141조에 따라 유권자 5만 명의 서명으로 국민 투표에 붙여 연방 의원이 아닌 시민들의 찬반 의사를 다시 물었을 것이다. 아니면 헌법 제139조에 따라 18개월 동안 유권자 10만 명 이상의 동의를 얻어서 정부 법안을 대체하는 법안을 발의하여 연방 헌법의 일부 개정을 요구하고 국민투표 및 주 투표에 의해 최종적으로 결론지었을 것이다.

스위스연방 헌법 제139조 (연방 헌법 일부 개정을 위한 국민발안)

① 유권자 10만 명은 발의안을 공식적으로 공표한 날로부터 18개월의 기한 내에 연방 헌법의 일부 개정을 요구할 수 있다.

② 연방 헌법의 일부 개정을 위한 국민발안은 보편적인 표현으로 구성된 제안의 형식을 갖추거나 초안 형식으로 작성될 수 있다.

③ 국민발아이 형식 통일의 원칙, 내용 통일의 원칙, 또는 국제법상 강제규범에 위배되는 경우, 연방 의회는 전면적으로 또는 부분적으로 해당 제안의 무효를 선언한다.

④ 연방 의회가 보편적인 표현으로 작성된 국민발안을 승인하는 경우, 연방 의회는 발의안과 같은 관점으로 일부 개정안을 작성하며, 이를 국민투표나 주 투표에 회부한다. 연방 의회에서 발의안이 부결되는 경우, 연방 의회는 이를 후속 조치 여부를 결정하는 국민투표에 회부한다. 국민투표에서 승인을 받는 경우, 연방 의회는 발의안에서 요구하는 법안을 작성한다.

⑤ 초안 형식으로 작성된 모든 발의안은 국민투표 및 주 투표에 회부된다. 연방 의회는 발의안의 승인 또는 부결을 권고한다. 연방 의회는 대안으로 발의안에 맞설 수 있다.

스위스연방 헌법 제139b조 (국민발안 및 그 대안에 대한 표결 시 적용하는 절차)

① 투표권이 있는 국민은 발의안과 그 대안에 대한 의견을 동시에 표명한다.

② 국민은 국민발안 및 대안을 한꺼번에 승인할 수 있다. 국민은 보조 질문에 대한 답변으로 두 개의 안이 모두 채택되는 경우 어느 안을 우선하는지 표명할 수 있다.

③ 채택된 사항이 헌법 개정에 관한 사항이고, 보조 질문에 대한 답변으로 두 개의 안건 중에서 하나가 유권자의 과반수를 득표하고, 다른 안건이 주에서 과반수를 득표하는 경우에는, 두 제안 중 보조 질문에 대한 답변에서 유권자와 주 중 더 높은 득표율을 기록한 제안이 발효된다.

여기서 우리가 주목해야 할 문제는 마크롱의 노동 개혁안이 옳은가 아니면 노동단체의 반대가 옳은가가 아니다. 사회적 비용, 효율성 및 사회 통합의 관점에서, 사회적 갈등을 어떻게 해결하는 것이 타당한가 하는 문제에 주목해야 한다.

일반적인 대의민주주의 체제에서 사회적 갈등은 물리적 충돌로 귀결되고, 좀 더 강한 쪽의 의사가 폭력적인 방식으로 관철된다. 하지만 직접민주주의가 대의민주주의를 보완하는 체제라면, 사회적 갈등은 토론과 논쟁으로 표출될 것이다. 그리고 국민투표에서 승리하지 못한 쪽은 패배했다고 생각하기보다는 정부든 시민이든 자기가 발의한 법안에 대해 문제를 계속 공론화할 기회를 얻었다고 생각하고, 자신의 생각과 달랐던 시민들을 더 설득하는 것으로 결론을 맺을 수 있다.

예를 들어 스위스에서 건물과 시설물에 대한 장애인의 접근권에 관한 '장애인을 위한 동등한 권리' 시민발의가 2003년 5월 18일 국민투표에서 부결되었다. 하지만 시민발의를 주도했던 장애인 복지 단체는 장애인의 애로사항이 대중들에게 널리 알려졌다는 점을 긍정적으로 생각하였고, 부결의 원인이 적용 범위의 포괄성과 고비용 문제 때문이었지 장애인에 대한 보호 원칙 자체가 폐기된 것은 아니라고 평가하였다.[67] 스위스의 기업인들조차 직접민주주의 제도가 경제적으로 가장 효율적인 제도라는 연구 백서를 발표하였다. 사회적 갈등의 비용을 고려하면 의사 결정의 공정성과 사회적 합의가 주는 경제적 수혜는 값으로 따질 수 없을 만큼 중요하다는 점을 인정한 것이다.[68]

안드레아스 그로쓰*Andreas Gross*는 직접민주주의의 기능에 관하여, ①정치권력의 균등한 배분, ②소수파들에게 공청회권 부여(갈등이 벌어질 때 폭력에 의존하게 될 위험을 줄여줌), ③민주적 태도와 시민적 품성을 높임, ④과두적인 체제로 표류하는 것에 저항, ⑤

더 활발하게 대화하는 정치·보다 더 투명한 정치결정·일체의 행위와 거래들을 평가와 감시의 대상에 포함, ⑥시민들로 하여금 단순한 저항이 아니라 건설적인 도전과 개혁으로 나아가게 함, ⑦효율성을 속도와 혼동하지 말 것 등을 지적하였다.[69]

앞서 의원내각제 편에서 '새로운 엘리트로서의 제3세력의 형성 문제'를 언급하였는데, 그것은 '제3세력의 형성과 구체제 교체 가능성의 비례성'에 관한 것이었다. 즉 새로운 정치 엘리트의 형성이 종전 지배 엘리트의 도제 관계(비서관 또는 보좌관 등)나 종속 관계(공천 등)로부터 독립할 필요가 있다는 것이다. 그러한 시각에서, 시민발의와 국민투표는 새로운 정치 엘리트를 만들어 내는 유력한 공급처가 될 것이다. 시민발의를 주도하는 활동가들은 본질적으로 시민의 입장에 설 수밖에 없고, 문제의 제기와 법안 구성을 통해 전문성을 가지게 될 것이며, 토론의 과정을 통해 합의의 정치를 훈련하게 될 것이기 때문이다. 즉 시민발의와 국민투표는 시민을 주권자로서 훈련시킴과 동시에 새로운 대표자를 시민 속에서 태어나게 하는 제도인 것이다.

3) 민주주의를 진화시키는 수단

직접민주주의의 가장 중요한 기준은 사람에 대해서가 아니라 쟁점에 대해 결정을 내리는 것이다. 따라서 그러한 쟁점에 대해 충분한 토론이 수반되어야만 한다. 그렇기 때문에 직접민주주의에 있어서 절차의 수준은 바로 직접민주주의를 통해 얻고자 하는 목적의 수준을 결정하게 된다.

즉 발의와 토론을 위한 충분한 시간이 보장되어야 하며, 모든 수준의 의사소통 수단이 사용될 수 있어야 하고, 풍부한 토론이 전제되어야 한다. 그래야만 직접민주주의가 갈등을 통합할 수 있는 수단이 되고, 또 그렇게 공정성이 확보되어야만 패배한 쪽에서 그 결정을 받아들이게 될 것이다. 그러한 뜻에서 시민발의와 국민투표 절차를 정할 때 다음과 같은 요소들이 반드시 고려되고 보장되어야 한다.

① 서명 효력 발생 기준 : 시민발의와 국민투표 요구 인원수

② 허용 기간 : 서명받기, 정부 측 반응, 의회 토론, 국민투표 캠페인 등 허용 기간

③ 서명을 모으는 방법

④ 정부와 의회의 개입

⑤ 다수결 요건과 최저 투표율 정족수

⑥ 시민들을 위한 정보 제공과 공개 토론

⑦ 제기될 수 없는 안건

⑧ 법적 효과 : 유효한 시민발의의 법적 결과

⑨ 하나의 전체로서의 과정 : 전체 절차가 정부 또는 의회에 의해 교란되지 않을 만큼 체계를 갖추었는지 여부[70]

정치가 지배가 아니고 자율 규제가 되려면 인민 모두가 입법에 관여하고 그렇게 정해진 법에 대해서만 복종해야 한다는 루소의 생각은 지난 250여 년 동안 비현실적인 이상주의라고 치부되어 왔다. 하지만 이제 시민발의와 국민투표라는 직접민주주의의 도구에 의하여 루소의 유토피아는 현실적 계기를 갖게 되었다. 그리고 이러한 직접민주주의의 도구들은 직접민주주의 자체를 더 진화하게 하는 수단이 될 것이며, 대의민주주의 제도 역시 진화시킬 것이다.

하지만 시민발의와 국민투표를 아무리 강조하여도 이 수단들이 대의제 시스템을 온전히 대체할 수는 없으며, 설령 대체할 수 있다 하더라도 결코 바람직하지 않다. 첫 번째 이유는 정치 엘리트의 전문성과 그 전문성에 기초한 정책 생산 능력이 결코 무시되어서는 안 되기 때문이다. 그리고 두 번째 이유는 다수결이 항상 올바른 결정을 내리는 것이 아니어서, 어떤 정책 결정이 종국에 실패하였을 때에 이에 책임을 지는 주체가 있어야 하기 때문이다. 요컨대 시민발의와 국민투표는 정치 엘리트의 부패 가능성과 오류 가능성을 통제하는 수단으로서 사용되어야 하며, 정치 자체를 대체할 수는 없다.

3장 _ 시민발의와 국민투표의 사례

1983년 스위스의 환경 운동가들이 "우리의 물을 구하자."라는 안건으로 시민발의를 하였는데, 그 내용은 중소 수력발전소의 물 사용을 제한하는 것이었다. 이에 대해 스위스연방 정부는 시민발의의 목표가 기본적으로 옳지만 오로지 보호에만 초점을 맞추고 있어 상당한 경제적 타격이 예상되고 물 사용자(중소 수력발전소 소유주들)의 이익이 고려되지 않았다는 이유로, 시민발의를 거부하였다. 대신 정부는 역제안으로 '수자원 보호법 개정안'을 제출했는데, 연방 정부가 물 저장량의 최저선에 관한 규제 범위만 제시하고 구체적인 조치는 주 정부에 맡긴다는 내용이었다.

정부의 개정안은 상하 양원에서 심의 대상이 되었는데, 물 저장량의 최저선에 관한 연방 정부의 권한은 인정하고, 환경을 이유로 지방정부가 물 사용을 억제할 경우 물 사용자들에게 보상비를 지불한다는 내용으로 안건이 구체화되었다. 그리고 1989년 여름, 하원은 보상금 지급은 산악 지역에 한정한다는 중대한 수정 조항을

토론을 통해 합의에 이르는 과정이 중요한 스위스의 직접민주주의

첨부했다. 이후 상원과 하원은 몇 차례의 독회(토론)를 진행하였고, 1990년 11월 상원 제4독회에서 물 저장량의 최저선을 포함시키는 것에 대한 반대를 철회하는 대신 환경보호를 이유로 물 사용을 억제당하는 시군에 대해서는 연방 정부가 보상비를 지불하는 안으로 수정했다. 이렇게 2년이 넘는 협상을 거쳐 양원은 수자원 보호법안의 수정안에 합의하고 시민발의 원안에 대한 간접적인 역제안을 만들었다.

1992년 5월 17일 "우리의 물을 구하자."라는 시민발의는 어느 주에서도 다수표를 얻지 못했고 투표자의 62.9%가 반대표를 던져 부결되었다. 반대로 정부의 역제안인 수자원 보호법 개정안은 66%의 찬성으로 통과되었다. 하지만 시민발의를 주도했던 환경운동가들은 자신들이 패배했다고 생각하지 않았는데, 이는 물 보호에 관하여 이전보다 더 진일보한 법률을 얻게 되었기 때문이다.

또한 중소 수력발전소의 입장에서도 법정 요건에 따라 보상비를 지급받게 됨으로써 합리적인 범위 내에서 보호를 받게 되었다. 물 보호와 물 사용에 관한 10년에 걸친 정치투쟁이었지만, 어디에도 폭력과 대립은 없었고 단지 토론이 있었을 뿐이다.

결론을 이끌어 내기까지 긴 시간이 흘렀다고 하여 결코 효율성이 떨어지는 것이 아니다. 어느 한쪽이 폭력적 방식으로 자신의 의사를 관철하여 얻게 되는 효율성은 진정한 효율성일 수 없기 때문이다. 또한 서로 다른 견해가 논쟁을 지속한다고 하여 이것을 사회의 혼란이라고 해서도 안 된다. 견해의 대립이 물리적 충돌과 폭력으로 나타나는 것이 오히려 진짜 혼란이라고 할 수 있기 때문이다. 직접민주주의는 결코 사회를 교란시키지 않으며, 오히려 수많은 토론을 통하여 서로를 이해시키고 종국에는 국민투표로써 결과를 긍정적으로 인정할 수 있게 한다.

시민발의 지지자들은 그들의 발의가 궁극적으로는 투표에서 부결된다고 해도 일정한 효과를 거둘 수 있다는 것을 경험으로부터 알고 있다. 시민발의는 승자가 독식을 하고 패자는 모든 것을 잃는 '제로섬게임'이 결코 아니다. 여론조사에 따르면 스위스 국민 10명 중 9명은 의사 결정에 직접 참여하는 법에 규정된 그들의 직접민주주의적 권리가 어떤 식으로든 박탈당하는 것을 용납하지 않고 있다.[71]

4장 _ 신고리 공론화위원회와 직접민주주의

신고리 5·6호기 원전 건설 재개와 관련하여, 문재인 정부는 '신고리 공론화위원회'라는 이름으로 국민대표의 성격을 지니는 시민 참여단을 선정하고 토론으로써 이 갈등을 해결하려고 시도했다. 2017년 10월 20일 공론화위원회는 종래의 매몰 비용을 고려하여 5·6호기 원전 건설은 재개하되, 향후에는 탈원전 정책을 원칙으로 해야 한다는 권고안을 발표하였다. 이에 대해 청와대와 언론은 '숙의민주주의'라고 극찬을 했다.

숙의민주주의는 심의민주주의라고도 불리는데 의사 결정을 할 때 토론을 통한 합의와 투표를 통한 다수결원칙을 모두 사용하는 민주주의의 형식이다. 하지만 숙의민주주의에서는 법을 정당화하는 가장 중요한 요건이 다수결이 아니라 깊은 토론을 통해 합의에 이르는 과정이라는 점에서 전통적인 민주주의 이론과 다르다. 숙의민주주의는 대의민주주의와 직접민주주의 모두와 양립할 수 있다.

'공론화위원회'라는 시도는 종전에 끊임없이 반복되었던 갈등을 돌이켜 본다면 진일보한 시도임에는 틀림이 없지만, 이를 두고 '숙의민주주의'라고 정부가 나서서 자화자찬하는 것은 낯간지러울 지경이다. 공론화위원회의 권고안이 발표된 뒤에도 원자력계는 "탈원전 자체를 재고해야"한다고 주장했고, 환경 단체들은 "탈원전을 말로만 거창하게 하고 실속은 없었다."고 여전히 평행선을 달리며 대립했기 때문이다.[72] 또한 신고리 공론화위원회의 논의 범위는 신고리 5·6호기에 한정되었는데, 향후 원전을 축소하라는 권고까지 하다니 월권이라는 논란이 제기되기도 했다.

2017년 10월 24일 문재인 정부는 국무조정실과 산업통상자원부의 합동 브리핑에서 "이번 공론조사는 대의민주주의를 보완하고 숙의민주주의를 본격 추진할 수 있는 계기를 마련했다."고 자평하였다. 이에 대해 신고리 관련 공론화뿐 아니라 탈원전이라는 주제도 공론화가 필요하지 않느냐는 질문이 있었는데, 백운규 산업통상자원부 장관은 "탈원전은 지난 대선에서 대통령이 정책 공약으로 내걸었고, 국민의 대다수가 탈원전에 공감했기 때문에 선택을 받은 것"이라고 말했다. 하지만 신고리 5·6호기 건설 중단과 탈원전은 둘 다 문재인 대통령의 대선 공약이었다. 즉 신고리 공론화는 숙의민주주의라고 자화자찬하면서, 탈원전은 선거로 이미 선택을 받았기 때문에 공론화가 필요 없다는 논리는 명백한 자기모순이다.

여기에서 논의의 핵심은 원자력계의 주장이 옳은가, 아니면 환경 단체의 주장이 옳은가 하는 문제가 아니다. 문재인 정부와 공론화위원회가 자신의 정당성으로 내걸었던 '절차민주주의'에 관한 것이다. 만약 스위스의 '시민발의와 국민투표'에 대해 최소한의 정보를 가지고 있었다면, 신고리 공론화위원회에 대해 '숙의민주주의'라고 호들갑을 떨 수는 없었을 것이다. 신고리 공론화위원회는 실제로 '주민참여예산제'와 동일한 형태의 것이며, '주민참여예산제'는 이미 지적하였듯이 직접민주주의가 아니다. 왜냐하면 시민이 직접 참여하는 것이 아니라, 국회의원을 뽑듯 시민들이 대표자를 선출하고, 그들의 의사로 결정하는 제도이기 때문이다. '국민대표'로 선정된 시민 참여단의 숫자가 471명에 이르는 상당한 다수라고 하지만 다를 게 없다. 중요한 것은 그들의 대표성이 의심받는 순간, 그들의 정당성은 상실된다는 점이다. 그렇기 때문에 신고리 공론화위원회에 대하여 '대의제의 왜곡'이자 '대의민주주의의 회피'라고 비난하는 것은 결코 부당한 평가가 아니다.

요컨대 대의제의 결정은 오로지 '전체 국민의 의사'에 의해서만 수정될 수 있다. 대의제의 결론을 또 다른 대표자들의 결정으로 수정할 경우, '도대체 어떤 대표자가 더 우월한가?'라는 피할 수 없는 모순에 직면하기 때문이다. 결국 그러한 의문을 이유로 반대파는 새로운 대표자의 결정에 승복하지 않게 되고, 갈등은 종결되지 않는다. 만약 충분한 토론을 거쳐 국민투표로써 결론을 내렸다면, 반대파는 결론에 대해 비판할 수는 있겠지만 불복할 수는 없을 것이다.

한편 위험한 대통령에게 주어진 공론조사 제도는 자신이 반대하는 의회의 결정을 회피하기 위한 '가장假裝된 직접민주주의 제도'로 악용될 것이다. 의회의 결론을 새로운 대표자들의 결정에 의해 번복할 경우, 권력자의 자의적 독단으로 귀결되는 경우를 피할 수 없게 된다.

또 한 가지의 문제는 정부와 집권 여당이 신고리 공론화 과정에서 '기계적 중립'을 고수했다는 점이다. 공사를 중단하거나 재개할 행정명령의 주체는 정부임에도 자신의 책임을 방기했던 것이다. 스위스의 사례에서 살펴보았듯이 정부는 시민발의안에 대해 동의할 수 없을 때 이를 수정한 자신의 역제안을 해야 한다. 그 다음에 시민발의안과 정부의 역제안이 함께 열띤 토론의 대상이 되어 국민투표에 부쳐지게 된다. 이 점을 고려할 때, 정부의 기계적 중립은 결코 올바른 태도일 수 없으며 결과에 대한 책임을 피하려는 의도로밖에 볼 수 없다.

그렇다고 하여 신고리 공론화위원회가 전혀 의미가 없었다는 것은 아니다. 다만 어설픈 '숙의민주주의' 대신에 제대로 된 직접민주주의(시민발의와 국민투표)를 도입하는 것이 우리의 결론이 되어야만 한다는 것이다. 공론조사 제도는 시민발의와 국민투표가 이행될 수 없는 지역적·지엽적 문제 또는 한정적이고 특수한 범위의 문제에 한하여, 시민발의를 대신하는 제도로서 운용되어야 한다. 그리고 이러한 공론조사의 발의권을 정부만 가져서는 안 되며, 시민도 일정한 숫자의 유권자의 서명으로 발의할 수 있어야 한다. 그렇지 않으면 공론조사 제도는 정부가 자신이 유리한 경우에만 선택적으로 행사하는 자의적 도구로 전락하게 될 것이다. 신고리 공론화는 인정하였으면서, 탈원전 공론화는 거절한 문재인 정부의 사례처럼 말이다.

제3부 민주주의의 정신적 토대

1장_더 이상 영웅은 없다

1) 영웅 숭배의 정치적 문제점

대한민국 국민들이 자신을 보수주의자 혹은 진보주의자라고 생각하는 기준은 무엇일까? 대부분의 경우 사회의 발전 방향 또는 정책이나 제도에 관한 입장이 아니라 '어떤 영웅을 지지하느냐'에 따라 스스로를 보수 또는 진보라고 생각한다. 한쪽은 박정희, 전두환, 박근혜에 대한 지지로, 다른 한쪽은 김대중, 노무현, 문재인에 대한 지지로 '보수주의자' 또는 '진보주의자'로 자처한다.

어느 한 진영을 선택한 우리 유권자들은 자신의 영웅에게 절대적 찬사를 보내고, 상대편의 영웅에게 저주와 비난을 보낸다. 한편에서 박정희의 산업화 신화를 꺼내 들면, 다른 편에서는 그 산업화는 노동자들의 고통과 빈곤 위에서 이루진 것이라고 반박한다. 한쪽에서 김대중이 이루어 낸 민주화와 한반도 평화를 이야기하면, 다른 쪽에서는 그가 북한에 몰래 돈을 줘서 김정일이 핵

무기를 만들었다고 화를 낸다.

그런데 시각을 바꾸어 '과거'가 아닌 '현재와 미래'에 대한 이야기를 한다면 어떨까? 예를 들어 2013년 3월 스위스에서 기업 임원의 연봉을 주주들이 결정하자는 제안이 국민투표에 부쳐져 약 68%의 찬성으로 통과된 사례가 있다. 현재 우리의 상법은 국민투표 이전의 스위스와 마찬가지로 이사회의 결의 사항으로 규정하고 있다. 즉 이사회가 일방적으로 임원들의 연봉을 과도하게 책정하더라도 주주들이 이를 제어할 방법이 없는 것이다. 만약 이러한 제안에 대해 우리가 국민투표를 할 수 있다면 경제적으로 서민이거나 노동계급인 사람이 과연 자신은 '박정희 지지자'라는 이유로 반대표를 던질까? 결코 그렇지 않을 것이다.

결국 현재의 가장 큰 문제는 우리의 유권자들이 '영웅들의 과거'에 붙잡힌 채, 미래를 위한 토론을 거부한다는 데에 있다. 자신의 실질적인 지위는 피지배자임에도, 박정희나 김대중과 같은 지배 엘리트와 자신을 동일시함으로써, 지친 삶의 노고를 함께 나누어야 할 같은 피지배자인 동료를 각자 지지하는 영웅이 다르다는 이유로 적대한다.

군중이 '자신의 이상'을 '정치적 영웅'과 동일시하는 행위는 대표적으로 그 영웅에 대한 '숭배와 복종'이라는 현상으로 나타난다. 이러한 숭배와 복종은 세 가지의 정치적 문제점을 가지고 있는데, 첫 번째 문제점은 군중의 영웅 숭배가 바로 그 대상이 되는 영웅을 타락시킨다는 것이다.

숭배는 숭배받는 사람을 과대망상증 환자로 만들기도 한다. 오늘날 우리는 우스꽝스러울 정도로 턱없이 오만한 대중 지도자를 보게 되는 경우가 적지 않다. 이는 부분적으로는 그 지도자들 스스로가 만들어 낸 것이기도 하지만, 더욱 큰 원인은 대중이 그들에게 보내는 열광에 있다. 그리고 지도자의 오만한 자기현시는 대중에게 암시적인 권력을 행사한다. 그에 따라 대중의 경외감은 더욱 고조되고, 그 과정 속에서 지도자의 자기현시 그 자체가 지배 권력의 중추가 된다.[73]

로베르트 미헬스의 지적처럼, 2016년 한국 정치에서 박근혜의 부패와 정책 실패를 낳았던 가장 대표적인 원인은 바로 '그녀의 콘크리트 지지층 30%'라고 보아야 한다. 왜냐하면 절대적 지지자, 즉 광신도들의 존재는 역설적이게도 그 지도자로 하여금 자신의 오류를 깨달을 기회를 주지 않기 때문이다.

둘째로 영웅 숭배는 대중들도 오염시킨다. '숭배와 복종'은 대중으로 하여금 합리적인 정보 수집과 그 정보에 대한 비판적 검토의 기회를 갖지 못하게 한다. 미국의 클린턴 대통령과 르윈스키의 스캔들이 세상을 시끄럽게 했던 1997년, 클린턴은 르윈스키와의 성접촉_sexual relation_을 부인했고, 클린턴의 추종자들은 스캔들이 공화당과 FBI의 음모라고 주장했다. 그런데 클린턴이 르윈스키로부터 펠라티오_Fellatio_를 받은 사실이 공개적으로 확인되자, 클린턴의 추종자들은 펠라티오는 성접촉이 아니라는 클린턴의 억지에 동조했다. 그리고 더 우스운 것은 르윈스키가 먼저 클린턴을 유혹했을 것이라면서 클린턴을 옹호했다는 사실이다. 도대체 누가 먼저 유혹했는지가 무슨 의미가 있는가?

2016년 12월 박근혜와 최순실의 국정 농단 사태가 상세하고 구체적으로 드러났을 때조차, '박사모(박근혜를 사랑하는 모임)'는 종북 좌파들의 음모라고 항변하였으며, 최순실의 태블릿PC를 손석희와 JTBC가 조작한 것이라고 억지를 부렸다. 새누리당의 대표였던 이정현 의원은 자신을 '베드로'에 비유하였고, 이러한 비유에 대해, 박근혜의 지지자들은 열광적으로 공감했다. 그들에게 있어 박근혜는 '신앙의 대상'이었던 것이다.

2017년 2월 4일 '박근혜 대통령 탄핵 기각을 위한 국민총궐기운동본부(탄기국)'는 서울 대한문과 시청 앞 광장에서 '제11차 탄핵 기각 총궐기 대회'를 열었다. 여기서 박사모 회장과 탄기국 대변인을 겸직하는 정광용이 "박근혜 대통령을 잡기 전에 문재인 전 대표부터 잡아들여야 한다."면서 "문 전 대표가 촛불이 아니라 횃불을 들자고 하지 않았는가? 그의 말 한마디로 인해 대구 서문시장에서 화재가 났다."고 말했다. 이 말에 거기 모인 박사모 회원들은 열광적인 박수로 화답했다. 동시대를 함께 사는 인간들이, 그것도 한두 명도 아니고 그렇게 많은 사람들이 이토록 비논리적일 수 있다는 사실에 경악을 금할 수가 없다. 이를 두고 네티즌들은 '문재인 마법사 논란'이라며 정광용과 박사모 회원들을 비웃었다.

그런데 이런 비논리적인 태도를 보인 것은 '노사모'의 경우도 마찬가지였다. '노사모'는 노무현이 2009년 정치 검찰에 의해 사실상 타살당했다고 하면서, 그가 박연차로부터 돈을 받았다는 팩트는 외면하였다. "전두환과 노태우는 몇천억 원을 받았는데, 그 정도 액수 가지고"라는 인터넷 댓글마저 있었다. 노무현이 이명박이나 박근혜보다 '좀 더 선량한 지배자'였다는 사실에는 동의하지만, 그것이 박연차 게이트의 사실관계를 바꾸지는 못한다. 박연차로부터 받은 돈이 뇌물이었는지 아니면 차용금이었는지, 그 돈을 노무현이 받았는지 아니면 그의 아내나 측근이 받았는지 여부도 확정되지 않은 채 사건은 '공소권 없음'으로 종결되었다. 죄가 없다면 끝까지 무죄를 다투었어야 했고, 죄가 있다면 마땅히 처벌을 받았어야 했다. 그러나 노무현 정부의 정책 실패는 그의 자살과 함께 묻혀 버렸고, 그에 대한 비판은 금기시되었다. 노무현은 자살로써 신성시神聖視된 것이다. 이제 '노무현'이라는 이름은 그의 추종자들에게 하나의 '성聖스러운 텍스트'가 되었다.

한편 2017년 2월 수많은 대중들은 박근혜와 최순실이 삼성으로부터 뇌물을 받은 사실에 분노하면서도, 2002년 대선 당시 노무현 후보 캠프에서 안희정이 삼성으로부터 불법 자금을 받아 다음 해 12월 정치자금법위반죄로 구속되었고, 이후 1년간 복역했던 사실은 잊었거나 잊은 척했다. 심지어 노무현과 안희정의 지지자들 중에는 안희정이 노무현에게 해를 입히지 않고 죄를 혼자 뒤집어씀으로써 의리를 지켰다고 말하는 자들까지 있었다.

한 가지 사례를 더 들어 보겠다. 2017년 12월 14일 베이징에서 열린 '한중 경제무역 파트너십' 개막식에서 있었던 일이다. 개막 연설을 마치고 이동하는 문재인 대통령을 취재하기 위해 뒤따르던 우리나라 사진기자 두 명이 중국 경호원들로부터 집단 폭행을 당했다. 그런데 이 사건을 두고 네티즌들 중 일부가 예기치 않은 반응을 보였다. 그들은 폭행을 가한 중국 경호원들을 비난하기는커녕 '기레기(기자와 쓰레기의 합성어)'들이 맞을 짓을 했을 거라는 댓글을 달았다. 이에 대해 문재인 대통령의 방중 성과가 희석될 것을 염려한 일부 지지자들의 반응이라는 보도가 따랐다.

도대체 이런 비상식적이고 불합리한 반응은 어디에서 기인한 것일까? 그 원인은 영웅 숭배에서 찾을 수밖에 없다. 그들은 자신의 영웅을 중심으로 세계를 바라본 탓에 합리적인 사고를 할 수 없었고, 결과적으로 상식적이고 평균적인 행동에서 심각하게 벗어날 수밖에 없었던 것이다.

마지막으로 영웅 숭배의 기장 중대한 폐해는 같은 피지배 대중끼리 서로에 대한 적대적 분노를 양산해 낸다는 점이다. 박근혜 지지자가 문재인 지지자들을 빨갱이라고 몰아붙이는 것 말고도, 이러한 격정적인 분노와 공격성은 민주당 지지자들에게서도 발견할 수 있다. 2017년 민주당 경선에서 문재인 지지자들이 경선후보인 안희정과 이재명에 대해 비상식적이고 모욕적인 문자폭탄을 보내고 공격을 하였다. 그런데 이에 대해 문재인 후보는 "치열하게 경쟁하다 보면 있을 수 있는 일들이죠. 우리 경쟁을 더 흥미롭게 만들어주는 양념 같은 것"이라며 그 심각성을 느끼지 못하는 표현을 했다. 하지만 그것은 단순한 '양념'이 아니고 대단히 심각한 영웅 숭배의 결과이다. '자신의 영웅'에 대한 숭배는 '반대편 영웅'과 그를 추종하는 무리에 대한 적대와 경멸을 낳게 된다. 그리고 각 편의 영웅들은 이러한 적대적 분노를 이용하여 자기 진지를 구축하고, 이렇게 구축된 진영은 복종과 숭배, 자기 동일시 그리고 상대편에 대한 분노를 확대재생산하게 된다.

"피지배계급이 잘 복종하고 혁명 같은 것은 꿈에도 생각지 못하게 하려면, 그들 사이에 '우애의 정신'이 없어져야 한다."[74]는 아리스토텔레스의 조언을 우리 사회의 지배 엘리트들은 철저하게 지켜 왔다. 그들은 지금까지 우리 국민들 사이에 '우애의 정신'을 없애기 위해, 끊임없이 '편 가르기'를 실행해 온 것이다.

2) 밀그램 실험 ─ 복종의 문제

지도자의 잘못된 행동 혹은 잘못된 지시에 대해 대중이 복종하는 현상에 대한 실험이 있었다. 1961년 미국 예일대 심리학과 스탠리 밀그램*Stanley Milgram* 교수가 '권위적인 불법적 지시'에 대하여 다수가 항거하지 못한다는 사실을 증명하는 실험을 했다. 일명 '밀그램 실험'이라고 부른다.

밀그램은 '체벌에 의한 학습 효과를 측정하는 실험'이라고 속여 실험에 참여할 사람들을 모집하고, 교사와 학생으로 피실험자들을 나누었다. 학생이 문제를 틀릴 때마다 전기 충격을 가하는 실험이었다. 그런데 학생 역할을 담당하는 피실험자에게는 가짜 충격 장치를 달고, 교사 역할을 담당하는 피실험자에게는 충격기가 가짜란 걸 모르게 했다. 그리고 매번 전기 충격 버튼을 누를 때마다 교사인 피실험자에게 4.5달러를 보상으로 주었다. 전압은 15볼트에서 450볼트까지 올릴 수 있도록 허용됐다.

450볼트의 전기 충격은 사람을 충분히 살해하고도 남는다. 그런데 무려 65%의 참가자들이 450볼트까지 전압을 올렸다. 이들은 상대가 죽을 수 있다는 걸 알고 있었고 비명도 들었으나, "모든 책임을 지겠다."는 연구원의 말에 복종했다. 실험 전 밀그램은 약 0.1% 정도만이 450볼트까지 전압을 올리지 않을까라고 예측했는데, 실제 실험 결과는 너무도 달랐다.

밀그램은 '붉은털 원숭이'를 대상으로도 동일한 실험을 하였다. 버튼을 누르면 맛있는 먹이가 나오며, 동시에 창 너머에 있는 '또 다른 붉은털 원숭이'에게 전기 충격이 가해지는 실험이었다. 버튼을 누를 것인가 말 것인가, 결정의 순간에 놓인 붉은털 원숭이는 어떤 선택을 하였을까? 붉은털 원숭이는 15일 동안 버튼을 누르지 않았고, 그래서 15일 동안 먹이를 얻지 못했다. 실험에 참가한 붉은털 원숭이 옆에는 상대방의 고통을 외면하게 하는 그 누구, 즉 '정의롭지 못한 명령'을 내리는 권력자가 없었던 것이다.

피실험자들이 실험자가 내리는 명령에 반항할 수 있는 방법은 단 한 가지, 불합리한 명령을 내리는 권위자와의 관계를 완전히 단절하는 것이었다. 스탠리 밀그램의 실험에 참여했던 사람들 중 35%는 300V에서 실험자의 명령을 거부했다. 복종은 설령 정치적 자유가 보장되어 있음에도, 대중으로 하여금 '생각하는 힘'을 빼앗아 간다. 복종하는 자는 지배자의 부패와 오류를 인식하기 어렵다. 그렇기 때문에 '지배받는 자'가 지배하는 자를 통제하려면, 그들과의 관계부터 단절해야 한다. 즉 지배자를 숭배하지 않고 복종하지 않아야 한다는 말이다. 객관적인 거리를 두고 감정적으로 동조하지 않아야 하며, 항상 비판적으로 주시해야 한다. 그래야만 지배자에게서 부패와 오류가 발생했을 때에, 곧바로 그 지배자를 새로운 엘리트로 교체할 수 있는 것이다.

3) 영웅 숭배의 집단심리학

대한민국 정치사에서 정치가를 향한 팬덤 현상은 '노사모'가 거의 최초라고 할 수 있다. 그 이후 '박사모'가 있었고, 2017년 19대 대통령 선거에서는 '문빠(문재인을 적극 지지하는 사람들)'가 등장하였다. 그런데 이들이 자신들의 영웅에 열렬히 열광하고 그들을 숭배하는 이유는 어디에 있을까? 물론 개인적으로 노무현과 문재인을 '독재자 박정희의 후신(後身)' 박근혜와 동렬에서 비교하는 것을 감정적으로 받아들이기 어렵지만, 영웅 숭배의 집단적 현상의 문제점을 논의하는 데 있어서는 함께 비교해 볼 필요가 있다.

귀스타브 르 봉^{Gustave Le Bon}은 《군중심리》에서 군중심리를 그 특징을 중심으로 정리하였다. 반면 지그문트 프로이트^{Sigmund Freud}는 《집단심리학과 자아 분석》에서 지도자와의 관계를 매개로 하여 군중의 심리를 분석하였다. 프로이트는 '인간이라는 군집 동물'을 "서로 동일시할 수 있는 다수의 동등한 사람과 그들 모두보다 우월한 한 사람, 이것이 생존 능력을 지닌 집단에 실현된 상황"이라고 정의했다. 또 "인간은 유목 집단의 동물, 즉 한 우두머리가 이끄는 유목 집단의 개체"라고 표현하였다.[75]

프로이트는 군중의 지도자에 대한 숭배를 '극단적인 사랑의 경우'에 비유하였고, "대상이 그대로 남아 있으며, 자아 쪽에서 자신을 희생해 가며 대상 자체에 지나치게 리비도를 집중"[76]하는 것이라고 설명했다. 쉽게 말해서 "그들과 일치하고 싶은 욕구가 그에게 있기 때문이며, 그러니까 '그들을 사랑해서' 그가 그렇게 하는 것"[77]이라는 말이다. 또한 자아의 동일시는 두 가지 형태로 구분된다고 하면서, 동료에 대해서는 자신을 동일시하며, 지도자에 대해서는 자신의 자아이상^{ichideal}을 동일시의 대상으로 삼는다고 분석하였다.[78] 그의 설명에 의하면 자아이상이란 인간이 "자신의 자아 자체에 만족할 수 없을 때도 만족을 찾을 수 있는, 자아에서 분화된 자아와 비판적으로 대립하는 자아 속의 비판 심급"[79]이다.

여기서 우리가 관심을 가져야 할 문제는 '군중이 그 지도자를 왜 사랑하는가?'이다. 군중이 왜 그 영웅과 자신의 자아이상을 동일시의 대상으로 삼느냐는 것이다. 프로이트는 군중이 집단에서 동료와 지도자에 대하여 가지는 심리의 형태에 대해서는 말하고 있지만, 그러한 동일시가 왜 일어나는지는 분석하지 않았다. 다시 말해서 프로이트는 "군중이 그 영웅을 사랑하니까"라고 말하였는데, 도대체 왜 사랑하는지에 대해서는 말하지 않았다.

로베르트 미헬스는 대중의 숭배욕에 관하여, "대중은 개인 숭배에 대한 강력한 충동을 갖

지그문트 프로이트 (1856~1939)

는다. 대중의 원초적 이상주의는, 혹독한 일상의 삶이 그들을 고통스럽게 하면 할수록 더욱 맹목적으로 매달릴 세속의 신을 요구하기 때문이다. (……) 지도자에 대한 숭배심은 대부분 잠재적으로 존재한다. 예컨대 숭배자의 이름을 말할 때 음성에 경외감이 실린다든지, 그의 말이라면 사리를 따지지 않고 무조건 따르고자 한다든지, 아니면 그에 대하여 격분하면서도 그 인간에 대해서는 결코 의심하지는 않는다든지 하는 것들이 그 증상들이다."[80] 라고 설명하였다. 그리고 노동조합이나 사회민주당에서 노동자들이 자신의 지도자에 대해 '납득할 만한 경애를 넘어서는 숭배'를 보이는 것에 대해, "내적 이상주의의 외적 발현"[81]이라고 표현하였다. 즉 자기 혼자서는 해결할 수 없는 현실의 곤궁함과 피폐

함을 극복하기 위하여 자신에게 내재된 이상주의를 '영웅'을 통해 외적으로 발현시키는 것이라고 생각한 것이다. 이로써 프로이트가 말했던 지도자에 대한 '자아이상의 동일시'는 좀 더 쉽게 이해될 수 있다.

1791년 오스트리아와 프로이센의 동맹군이 잘 훈련된 군대였던 것에 반해, 민병대 수준이었던 프랑스혁명군은 그에 대항하여 힘겹게 전투를 이어 나갔다. 그때 나폴레옹이 나타났고, 그의 지휘로 오스트리아를 꺾고 북부 이탈리아를 제패하였다. 결국 프랑스 국경 밖으로 적들은 후퇴하였고, 프랑스혁명군은 국가를 수호하였으며, 계속되는 승리로 의용병 자원자도 많아졌다. 이 모든 승리의 한복판에 나폴레옹이 있었다. 영웅은 이렇게 탄생하였고, 그의 대한 숭배도 이렇게 시작되었다. 그런데 나폴레옹에 대한 프랑스 인민들의 절대적 추앙은, 역설적이게도 자신들이 피를 흘리며 수립했던 공화정을 무너뜨린 그의 쿠데타마저 승인하게 만들었다. 그렇게 '인민의 영웅'은 다시 '지배자'가 되었다.

박사모의 대중들이 '박근혜라는 영웅'을 통해 실현하려는 자신의 내적 이상주의는 무엇일까? 아마도 그것은 박정희의 산업화 신화에 대한 영광과 그에 대한 동일시일 것이다. 여기서 박근혜는 박정희로부터 파생된, 그와 완전히 같은 동일시의 대상으로 보아야 한다. 이것은 마치 루이 보나파르트(나폴레옹 3세)가 삼촌인 보나파르트 나폴레옹(나폴레옹 1세)과 완전히 같은 동일시 대상이었던 것과 마찬가지이다. 여기서 박정희의 산업화 신화는 북한의 위협을 전제로 민주주의 유보를 정당화하고, 사회적 다원주의와 민주주의를 오히려 무질서와 정치 불안정으로 인식하게 하는 이데올로기를 포함한다.[82]

2017년 개봉한 영화 〈노무현입니다〉는 2002년 16대 대선 당시 노무현이라는 대통령이 '노사모'에 의해 만들어졌다는 사실을 여실히 보여 준다. 그들 모두는 '리틀 노무현'이었으며, 아무런 보상도 없이 누구의 지시도 받지 않고 자발적으로, 또 헌신적으로 선거운동을 하였다. 민주당 경선 당시, 이인제 캠프의 운동원이 노사모 회원들에게 "얼마를 받기에 그렇게 열심히 일하냐?"고 물었다고 하는데, 이 일은 노사모 회원들의 헌신성을 그대로 드러낸 일화라고 할 수 있다. 도대체 그들은 왜 그토록 노무현을 사랑했을까?

프로이트는 "영웅이 유목 집단 전체만이 감행할 수 있었던 행위를 혼자 이루어 냈다고 주장"함으로써 영웅신화가 시작되고, 그러한 "영웅신화는 영웅의 신격화에서 절정에 달한다."고 표현하였다.[83] 즉 피지배 대중 개개인은 너무도 무기력해서 사회 구조적인 문제를 혼자서 풀 능력이 없기 때문에, "유목 집단 전체만이 감행할 수 있는" 거대한 문제를 "혼자 해결할 수 있는" 영웅에 기댈 수밖에 없는 것이다. 노사모가 노무현을 그토록 사랑했던 이유는 노무현이라는 '깨끗한 영웅'을 통해서 자신들이 생각하는 민주주의를 실현하고 싶었기 때문이다.

1997년 12월 한나라당에서 이회창과 경선을 했던 이인제가 얼

토당토않게 2002년 11월에는 민주당 경선에 참여했는데, 더 어이 없는 것은 심지어 그가 가장 앞선 후보였다는 것이다. 그런 상황에서 민주주의를 열망하는 시민의 입장에서라면 어떻게 해서든지, 비록 가장 꼴찌 후보였지만, 노무현을 숭배할 수밖에 없었을 것이다. 왜냐하면 그 당시에 그들이 할 수 있는 일이 그것 말고는 아무것도 없었기 때문이다.

4) 민주주의와 영웅주의

애초에 피지배 대중이 영웅에게 의존했던 것은 자신의 무기력함 때문이었다. 따라서 만약 그들이 정부와 의회 대표자들의 권력을 직접 제한할 수 있고, 나아가 스스로의 정치적 의사를 직접 법률로 만들 수 있게 된다면 영웅 숭배는 점차 소멸할 수밖에 없을 것이다. 그런 방법과 절차가 바로 시민발의와 국민투표이며 이미 스위스에서 100여 년이 넘게 실제로 이루어지고 있다.

정치체제에 있어서 민주주의의 대립항이 '독재'라면, 이데올로기의 측면에서 민주주의의 대립항은 '영웅주의'이다. 슬라보예 지젝*Slavoj zizek*은 '대중주의'에 관한 논쟁에서, 베네수엘라의 차베스*Hugo Chavez* 정권을 지지했던 대중적 운동이 카리스마적인 지도자를 동일시의 대상으로 원했다는 것을 예로 들면서, 동일시할 지도자를 요구하는 대중주의는 '원형적 파시스트*protofacist*' 경향을 띠게 된다고 지적한 바 있다. 20세기의 역사는 이러한 영웅주의와 영웅 숭배가 파시즘의 근본적 동력이었음을 증명한다.

영웅 숭배의 극단적 표현인 '메시아 주의'는 피지배 인민이 자신의 힘으로 역사를 헤쳐 나가는 것을 포기하고, 영웅의 힘으로 자신의 곤궁함과 피폐함을 해결하려고 하는 것을 말한다. 그러나 정치적 메시아 주의는 현재의 고통을 잠시 잊게 해줄 뿐, 그 궁핍함을 근본적으로 해결해 주지는 못한다는 문제가 있다.

우리는 어떤 사람이 뛰어난 지도자라고 하더라도 그 사람 자체를 숭배하거나 그에게 무조건 복종해서는 안 된다. 따라서 민주주의의 계량적 척도는 영웅을 숭배하는 추종적 대중의 숫자와 반비례하며, 자신의 생활에 관한 정책을 스스로 결정하려는 주권적 시민의 숫자와 비례한다. 우매한 대중, 즉 영웅을 숭배하는 추종적 대중이 많을수록 다양한 의견은 갈등과 충돌로 귀결된다.

프랑스 제3·4공화국이나 독일 바이마르공화국에서의 정당 난립과 정국의 불안정은 다양한 의견을 합의로써 해결할 능력이 없는 정당정치의 후진성과 서로 다른 의견을 적대적 투쟁으로만 해결하려는 우매한 대중들로부터 기인한다. 따라서 영웅을 숭배하지 않는 주권적 시민의 숫자가 늘어날수록, 다수의 정당은 정당의 난립이 아니라 정치적 선택의 다양성을 징표할 것이다.

우리가 유일하게 복종하고 숭배해야 할 대상은 오직 '자유'와 '민주주의'뿐이다. 영웅에 대한 복종과 숭배는 우리의 민주정을 귀족정으로 후퇴시킨다는 사실을 잊어서는 안 된다. 그리고 평범한 시민들이 시민발의와 국민투표로써 의회의 대표자들과 권력을 공유하게 된다면, 영웅에 대한 복종과 숭배는 인류의 역사에서 점차 자취를 감추게 될 거라는 사실도 기억해야 한다.

2장 _ 민주주의의 토대는 시민의 주권 의지

'리버라루(리버럴Liberal의 일본식 발음)' 또는 '카쿠신華新'이라고 표현되는 일본의 진보 세력들이 2016년 우리의 촛불 집회에 주목하였다. 그들의 가장 큰 고민이 '일본에는 저항 문화가 없다'는 것이기 때문이다.

다음은 체르노빌 피해자로 노벨 문학상 수상자인 스베틀라나 알렉시예비치Svetlana Alexievich가 〈일본 사회에는 저항 문화가 없다〉는 제목으로 2016년 11월 28일 도쿄 외국어대학교에서 강연한 내용 중 일부이다.

후쿠시마 지역을 돌아본 뒤 체르노빌 사고 때처럼 국가(일본 정부)가 인간의 생명에 대해 전체적인 책임을 지지 않고 있다는 느낌을 강하게 받았다. 일본 사회에는 사람들이 단결해 저항하는 문화가 없는 것처럼 느껴졌다. 같은 주장과 요구를 몇천 번 계속하면 사람을 대하는 국가의 태도도 바뀌게 된다. 전체주의가 장기간 문화로 박혀 있던 우리나라(구 소련)에서도 사람들이 사회에 대항하는 저항 문화가 없었다. 일본에선 왜 저항 문화가 없는지 모르겠다.

2015년 아베 정부가 전쟁이 가능한 국가로 변신하기 위해 안보 관련 법안들을 국회에 통과시켰을 때, 12만 명의 시민과 학생들이 국회를 포위하는 시위를 벌였는데, '자유와 민주사회를 위한 학생 긴급행동'이라는 뜻의 SEALDs(실즈)가 큰 역할을 했다. 100만 명이 결집한 우리의 촛불 집회를 생각하면 12만 명의 시위는 규모가 작은 것 같지만 당시 일본에서는 엄청난 규모의 시위로 받아들여졌다고 한다.

그러나 그 이후 안보법안 반대 시위는 더 이상 이어지지 못했고, '실즈'마저 2016년 8월에 해체됐다. 아베 총리의 지지율이 60%(2016년 12월 기준)를 넘는 상황에서 소규모 진보 세력들이 아무리 야당인 민진당을 지지해도 정권 교체 가능성이 없었기 때문이다. 아베 정부는 약화된 소규모 시민 활동들을 무시하는 태도로 일관했고, 결국 '저항' 활동을 통해 사회를 변화시키겠다는 시민들의 의지도 계속 줄어들고 있다고 한다.

일본에서는 1890년 선거에 의한 의회 구성을 계기로 여러 정당들이 결성되었다. 1901년에는 사회주의를 표방하는 정당인 사회민주당이, 1922년에는 공산당이 조직되었으나, 태평양전쟁 직전에 모든 정당이 해산되었고, 패전할 때까지 '대정익찬회大政翼贊會'라는 하나의 당만 존재하였다.

　제2차 세계대전 이후 일본은 천황제와 제국주의의 잔재를 청산하지 못하고 전체주의적인 사회 문화가 계속 유지되었다. 제국주의 전쟁을 철저하게 반성한 독일과 달리, 일본은 '천황'으로 상징되는 제국주의 전쟁 시대를 영광으로 생각하는 분위기가 유지된 것이다. 일본 국민 상당수가 여전히 제국주의적 성향의 지배자를 지지하며, 정치적으로 자민당에 일체감을 가지고 있다. 이는 자민당에 대한 높은 지지율로 확인할 수 있으며, 때로 험한 시위나 반중 시위를 하는 극우 단체들의 세력이 더욱 강해지는 것으로 드러나기도 한다.

　메이지유신을 비롯해 미군정에 의한 전쟁의 종식 과정에서 보듯이, 일본은 국가와 사회의 모든 변화가 하향식으로 이루어졌다. 지금까지 일본 국민들은 지배 엘리트의 부패와 무능에 대해 '저항'을 시도해 본 경험이 없다. 일본의 정치체제는 통치 구조가 의원내각제일 뿐 '소선거구·다수 대표제 및 병립형 비례대표제'에 의한 보수적인 양당체제로 고착되어 있다. 사실 양당체제라고 부르기도 어렵고, '자민당 1당 체제'라고 해야 한다. 자민당이 창당한 이래 정권을 뺏겼던 기간은 대략 4년 정도에 불과하기 때문이다. 1993년 8월~1994년 4월(일본신당 연립 정권), 1994년 4월~1994년 6월(신생당 연립 정권)과 2009년 9월~2012년 12월(민주당 연립 정권)을 빼고, 나머지는 자민당 단독 정권이거나 자민당 주도의 연립 정권이었다.

일본의 사례에서 우리는 의원내각제라고 하더라도 비례성을 강화한 선거제도가 없다면, 유권자의 의사를 전혀 반영할 수 없다는 사실을 알 수가 있다. 또한 피지배 인민에게 저항의 경험과 의지가 없다면, 지배 엘리트에 대한 통제는 불가능하다는 사실 또한 알 수 있다.

토크빌이 그의 저서 《미국의 민주주의》에서 지적한 것처럼 원래 "사람들은 전체 공공 행정과 그것이 준하는 일반적인 원칙들에 관심을 갖기보다는, 도로가 자기 땅을 통과하는 것이 필요한가를 훨씬 더 중요하게 생각한다."[84] 따라서 제대로 된 민주주의를 이루려면 도로가 자기 땅을 통과하는 문제 따위가 아닌 공동의 사안에 자신의 의지를 표현하는 '주권 의지主權意志'가 절실히 필요하다.

시민의 '주권 의지'는 영웅을 숭배하거나 추종하지 않고 녹립적으로 사고하려는 주체적인 의지이며, 지배 엘리트를 감시하고 통제하려는 저항 의지이다. 또한 사람을 선택하는 것이 아닌 정책을 스스로 결정하는 것이 민주주의라고 인식하는 정치적인 자각이다. 진정한 주권 의지는 서로 다른 생각과 이해관계를 토론과 합의로 해결하며, 단순한 저항에 그치는 것이 아니라 건설적인 도전과 개혁의 길로 나아가려고 끊임없이 노력한다.

고대 왕정국가나 중세 봉건국가에서 왜 민주주의가 이루어질 수 없었을까? 그 시대 대부분의 인민은 육체적으로 노예였을 뿐 아니라 정신적으로도 노예였다. 그나마 주권 의지를 자각했던 소수의 인민은 지배계급의 하수인으로 다수의 피지배자들에 대한 통치를 대행하는 역할을 하였다. "노예들은 예속 상태에서 모든 것을 잃는데, 심지어는 그 예속 상태로부터 벗어나고 싶은 욕망까지도 잃는다."[85]라는 루소의 지적은 250년이 지난 지금에도 여전히 의미심장하다.

그런데 18세기 이래 인민주권주의가 인간의 권리로 선언되었음에도, 여전히 다수의 인민은 영웅을 추종하고, 그 영웅에게 모든 권한을 위임한 채 그들로부터 지배받는 것을 당연시한다. 히틀러에게 열광했던 20세기 초 독일 국민들이나 '천황'으로 상징되는 제국주의 전쟁 시대를 영광으로 생각하는 상당수의 일본 국민들이 그 예이다. 그리고 한 개인에게 모든 권한을 귀속시키는 시대착오적인 대통령제가 아직도 버젓이 민주주의 제도의 하나로 분류되고 있다는 사실도 그 예이다.

사람들은 정치가 퇴행할 때마다, 독재자나 부패한 지도자를 비난하고 모든 책임을 그에게 덧씌운다. 하지만 정치 실패의 궁극적인 원인은 그 지도자를 열광적으로 추종했던 인민들에게 있다. 2016년 한국 정치를 퇴행시킨 궁극적인 원인은 이명박이나 박근혜가 아니라 바로 그들을 열광적으로 추종했던 지지자들에게 있다. 그런 의미에서 민주주의의 '적敵'은 바로 우리의 곁에 있다.

결국 민주주의의 미성숙은 '무지'로부터 기인한다. 시민들 스스로 자신의 권리에 대해서 자각하지 못했거나 권리를 쟁취하는 방법을 모르기 때문이다. 그런데 민주주의론을 서술하는 학자들이 이러한 대중의 무지를 오히려 강화시키는 모순을 보일 때가 많다. 그들의 현학적인 이론들은 민주주의를 대단히 심오한 것으로 만들어 감히 접근하기 이려운 것으로 신비화시킨다. 그리고 막상 현실적인 정치제도에 관해서는 인민주권이 이미 실현되어 있어서, 모든 것이 민주적이므로 그것을 잘 작동시키기만 하면 된다고 설명한다. 결국 어떤 영웅을 선택하느냐가 민주주의의 전부인 것처럼 왜곡하는 것이다.

20세기를 지나는 동안 우파 지도자들은 국가와 민족을 내세웠고, 좌파 지도자들은 이념과 계급을 내걸었으며, 21세기에 이르러서는 모든 지도자들이 민주주의로써 사회의 통합을 시도하고 있다. 하지만 현재 우리는 선거기간 동안에만 주권자로서 존중받을 뿐, 그 기간이 지난 다음에는 다시 무기력하게 피지배자로 전락하고 만다. 민주주의라는 단어의 사용은 이미 과잉 상태에 이르렀지만, 막상 그 내용과 방법론은 공허할 정도로 결핍되어 있다.

이제 영웅들의 민주주의를 민주화시켜야 한다. 존 스튜어트 밀이《자유론》에서 그렸던 것처럼 "국가의 여러 행정관리들을, 자신의 의사에 따라 교체할 수 있는 소작인이나 대리인처럼 만들고", "지배자들로 하여금 국민에게 효과적으로 책임지게 하고, 국민에 의해 신속히 해임될 수 있게"[86] 해야 한다. 그리고 비현실적인 유토피아 주의라고 비난당했던 루소의 상상처럼 시민발의와 국민투표의 방법으로 모든 시민이 직접 입법에 관여할 수 있게 해야 한다. 그래서 직업 정치인들을 영웅으로 숭배하는 것이 아니라,

그들을 시민의 심부름꾼으로 부릴 수 있도록 만들어야 한다. 그리고 이 모든 것들은 헌법을 바꾸지 않는 한 실현할 수 없다는 사실에 주목해야만 한다.

민주주의의 완성을 위하여

우리의 민주주의를 질식시키는 가장 큰 문제는 '보수 대 진보'라는 조작된 틀 안에서 우리 국민들이 둘로 나뉘어 서로 적대하고 있다는 것이다. 이승만, 박정희와 같은 지배 엘리트들이 자신의 반대파를 '빨갱이'로 몰아세우는 것으로부터 시작된 대립이었다. 그런데 보수적 지배 엘리트의 독재를 종결시킨 1987년 '6월 항쟁' 이후에도 종전의 독재 세력이 민주당의 한 분파였던 김영삼계를 흡수함으로써 '민주 대 반민주 구도'를 왜곡했고, 우리의 정치는 '호남 대 영남'의 지역 대립 구도로 변질되었다.

두 개의 거대 정당은 상대 진영에 대한 적대적 투쟁으로 자기 세력을 확대해 가면서, '보수 대 진보'라는 프레임을 함께 강화시켜 왔다. 그 결과 두 거대 정당은 일정한 주기로 지배권을 서로 교환하는 방식으로 공존하게 되었다. 결국 공천에서 탈락한 일부가 탈당하였다가 다시 합종연횡 했던 것을 제외하고, 어떤 새로운 정치 세력도 개입하기 어려운 두 집단만의 과두 독재가 실현되었다.

두 개 진영의 지배 엘리트로부터 공천이라는 형태로 승인받지 못하는 한, 사실상 정치 진입이 어려운 구조이다.

그런데 우리 사회에 존재하는 '보수 대 진보'라는 프레임의 실체적인 내용은 사실 어떤 문제에 관하여 어떤 정책적 입장을 선택하는가가 아니라, 박정희·박근혜 또는 김대중·노무현과 같은 정치적 영웅들 중에서 누구를 선택하는가 하는 문제이다. 그리고 이 같은 '보수 대 진보'라는 두 진영의 적대적 갈등을 더욱 공고히 하여 돌이킬 수 없도록 만드는 것이 바로 양당체제이다.

흥미로운 점은 비례성을 강화한 선거제도로 선거법을 개혁하여 양당체제를 해체하고 다당체제를 만든다고 하더라도, 대통령제를 폐지하지 않으면 결국 다시 양당체제로 회귀한다는 사실

국회의사당

이다. 대통령제에서 나타나는 '전략적 투표의 경향'은 제3당과 제4당의 지지자들이 제1당이나 제2당에 투표할 수밖에 없게 만든다. 결국 '다당체제'는 다시 '양당체제'로 돌아가게 된다. 이러한 양당체제를 해체하기 위해서는 반복해서 강조했던 것처럼, 단 한 명만을 뽑는 대통령제를 폐지해야만 한다.

대다수의 대한민국 국민들이 가장 싫어하는 집단은 여의도의 국회의원들이다. 그런 연유로 정부 형태에 관한 여론조사에서 국민들은 의원내각제를 가장 혐오하는 통치 구조로 꼽는다. 국회의원들이 집단적으로 자신들의 권력을 안정적으로 유지시킬 가능성이 가장 높은 정부 형태가 바로 의원내각제라고 생각하기 때문이다. 또한 의회에서 간선제로 뽑는 수상보다 국민들이 직접 뽑는 대통령이 훨씬 더 민주적이라고 생각하기 때문이다.

하지만 절대 권력을 가지는 '1인 행정부'로서의 대통령과 권한을 '분점'하는 내각의 수상을 동일시하는 것 자체가 통치 구조에 대한 무지로부터 비롯된 것임을 알아야 한다. 뿐만 아니라 부패하고 무능력한 정치인들을 계속 온존시키는 정부 형태가 다름 아닌 다수 대표제·양당체제의 대통령제라는 사실 또한 알아야 한다. 그리고 양당체제의 대통령제가 전략적 투표 경향을 통해서 새로운 정치 세력의 태동 자체를 억제하고, 구세력들의 적대적 공존을 유지시킨다는 사실을 이제는 깨달아야 한다. 도대체 왜 한 개인에게 모든 권력을 부여하고 있는지, 이 같은 '인민주권 시대의 역설'에 의문을 던져야 할 때이다.

제3당이 가지는 지위는 그 정부 형태에서 새로운 정치 세력이 어떻게 태어나는지, 그리고 막 태어난 정당이 어떤 경로로 성장할 것인지를 가늠할 수 있는 척도가 된다. 대통령제에서 제3당은 조만간 사라질 존재임에 반하여, 의원내각제에서 제3당은 연립정부의 파트너이자 향후 수권 정당으로서의 잠재적 지위를 가진다는 점은 지극히 의미심장하다. 바로 그런 이유에서 부패한 지배 정당을 좀 더 빠르고 손쉽게 교체할 수 있는 통치 구조는 의원내각제 중에서도 비례대표제·다당체제의 의원내각제이다. 창당한 지 얼마 되지 않아 종전의 거대 양당 시스템을 깨트리고 집권을 노릴 정도로 부상한 스페인의 '포데모스'와 이탈리아의 '오성운동', 아이슬란드의 '해적당'이 바로 부정할 수 없는 그 증거이다. 그리고 대결적 정치투쟁을 피하고 사회적 합의를 이끌어 냈던 스웨덴 의원내각제의 역사적 경험도 결코 놓쳐서는 안 될 모범 사례이다.

아렌드 레이프하트는 《민주주의의 유형》에서 이러한 모델을 "합의제 민주주의"라고 지칭했고, 그 반대편 정부 형태를 "다수결 민주주의 혹은 대결적 민주주의"라고 표현했다. 그러한 의미에서 영국이나 일본의 다수 대표제·양당체제의 웨스트민스터 모델은 양당체제의 대통령제와 비슷한 문제점을 가지고 있어 우리의 지향점이 될 수 없다. 또한 프랑스식 이원정부제는 총리 또는 대통령이 '1인 행정부' 지위를 가지고 있어 오히려 총리와 대통령 간 갈등의 소지만을 가지고 있다. 진정한 분권형 정부는 내각이 권한을 분할하여 가지고 있는 비례대표제·다당체제의 의원내각제이며, 그것이 우리의 지향점이 되어야 한다. 그런데 지배자의 교체 가능성을 높인 통치 구조라고 하더라도, 대표자들의 권력을 시민이 제어할 수 있어야만 그들의 권력 남용을 막을 수 있다.

대표자들의 권력을 제어할 가장 유력한 통제 수단은 시민발의와 국민투표이다. 시민발의와 국민투표로써 시민들은 의회의 대표자들에게 시혜를 구걸하지 않고, 스스로 권리를 쟁취할 수 있다. 그리고 사회적 갈등을 투쟁이 아닌 토론으로 해결해 나갈 수 있다. 물론 이러한 권력의 공유 상태를 지속적으로 유지하려면 시민들이 영웅에 의존하지 않고 자신의 주권 의지를 자각해야만 한다.

이 책은 두 개의 질문으로 시작했다. 첫 번째 질문은 "진정한 민주주의를 위한 대중의 정치 참여, 어떻게 이룰 것인가?"였고, 두 번째 질문은 "대통령을 잘 뽑기만 하면 정치는 아무런 문제가 없을까?"였다.

제도를 고치는 것보다 사람을 잘 뽑는 게 더 중요하다는 논리의 배경에는 완벽한 제도는 없다는 이데올로기가 자리 잡고 있으며, 이론적 근거로는 '콩도르세의 역설'과 '불가능성의 정리'가 있다. 그러나 '완벽한 제도'는 없지만, '좀 더 나은 제도'는 존재한다는 사실을 간과해서는 안 된다. 그리고 사회의 진보와 정치발전은 종전 제도의 오류를 수정하여 '좀 더 나은 제도'를 만들어 가면서 이루어진다. 사람이 중요하다고 해서, 세종이나 정조가 훌륭한 군주였다는 이유로, 군주제를 정당화할 수 없다. 요컨대 좀 더 선량하고 능력 있는 통치자를 선택할 가능성과 무능하고 부패한 통치자를 좀 더 쉽게 교체할 수 있는 가능성을 높이는 것이 민주주의 정치제도가 발전해 나가야 할 방향이다. 그런데 통치자를 선택하거나 교체할 가능성을 높이는 것만으로 민주주의가 완성되지는 않는다. 민주주의는 대중의 정치 참여가 이루어져야 완성될 수 있다. 그런 의미에서 민주주의는 사람을 선택하는 것이 아니라 대중 스스로 정책을 결정하는 것으로 진화되어야만 한다. 사람을 선택하는 민주주의는 역설적으로 대중들을 끊임없이 피지배자로 전락시키기 때문이다. 엄밀한 의미에서 현재 우리나라의 헌법은 시민에게 단지 지배자를 바꿀 수 있는 권한만을 부여하고 있다. 그렇기 때문에 시민은 정치의 주체가 아니며, 정치의 주체는 오직 지배하는 자들, 즉 권력을 행사할 수 있는 자들이다.

그런데 지배하는 자들이 시민들에게 "정치의 주체는 여러분입니다!"라고 외치는 때가 있다. 바로 시민의 표를 필요로 하는 순간이며, 자신의 경쟁자를 물리쳐야 할 때이다. 그런 의미에서 피지배자가 정치의 주체가 될 수 있는 기간은 선거기간과 완벽하게 일치한다. 그 외의 기간 동안 우리는 단지 전혀 두렵지 않은 존재인 피지배자일 뿐이다. 이것이 민주주의의 실제 모습이며, 이를 넘어서는 무언가가 있다고 말하는 것은 왜곡이거나 환상이다. 결국 대중이 단순한 피지배자를 넘어서 진정으로 정치에 참여하려면 지배자들과 권력을 공유할 수 있어야만 한다. 그 방법은 오직 시민발의와 국민투표뿐이다.

'사람을 뽑는 민주주의'는 논리적이고 이성적인 사고보다는 출신 지역이나 학연 또는 그 밖의 다른 사회적 관계들로부터 영향을 받기도 하고, 파편적이고 자극적인 사실관계로 비롯된 감정적인 호불호에 의해 결정되는 경향도 가진다.

2012년 대선 당시 어느 기자가 속칭 일베 회원인 20대 청년에게 문재인 후보가 싫은 이유가 무엇이냐고 물었더니 의외의 대답이 나왔다. TV광고에서 문재인 후보가 앉았던 의자가 너무 비싼 의자였기 때문이라는 대답이었다. 서민들을 위한다는 사람이 그렇게 비싼 의자에 앉았다는 사실에 불쾌감과 배신감을 느꼈다는 것이다. 나름대로 일리가 있는 대답이다. 그러나 어떤 대상에 대한 인간의 판단이 논리적 과정만으로 이루어진다고 생각한다면, 그것은 중대한 착각이다. 오히려 인간의 판단은 '싫다' 또는 '좋다'라는 감정적 결단으로부터 상당 부분 제한 당한다. 인간은 수집한 데이터를 벽돌처럼 쌓은 다음 이것을 종합하여 최종적인 판단을 하기보다, 감정적인 편견이나 직관이 만들어낸 결단을 전제로 그에 필요한 데이터를 수집함으로써 그 결단을 정당화하는 경향이 있다. 이 과정에서 인간의 감정은 비본질적인 것에 더 많은 자극을 받는다. 극우 이론가들이 일베 등을 통해 퍼트린 '문재인의 의자가 비싼 것'이라는 대단히 비본질적인 비방이 문재인 후보를 싫어하는 사람들에게 더 많은 자극이 된 것처럼 말이다.

인간이 논리적이고 이성적인 판단을 내리기 어려운 이유는 중간에 발생하는 선입견을 차단하고 최종적인 판단이 내려질 때까지 결론을 유보하면서 중립을 유지하기가 쉽지 않기 때문이다. 이 같은 중립적 사고 과정과 가장 유사한 것이 법원의 재판 절차이다. 하지만 판사들 역시 수시로 즉흥적인 선입견을 내비친다. 게다가 일단 한 번 선입견을 드러내고 나면, 그것에 반대되는 증거가 드러나더라도 자존심 때문에 종전의 선입견을 고집하는 사례가 허다하다.

일베 회원을 예로 든 것이 적절하지 않다고 생각하는 사람들을 위해서, 다른 예를 들 수도 있다. 지난 2017년 1월 민주당 경선에서 안희정을 싫어했거나 이재명을 싫어했던 사람들, 혹은 문재인을 싫어했던 사람들이 곰곰이 스스로를 돌이켜 보면, 자신이 얼마나 지엽적이고 비본질적인 이유로 그들을 싫어했는지 떠올릴 수 있을 것이다. 요컨대 어떤 정치적 영웅을 선택할 때 1차적으로 그 반대편 영웅을 싫어하는 감정이 절대적인 계기가 된다는 사실을 깨달아야 한다. 더불어 각 진영의 지배 엘리트들은 이미 이런 사실을 깨닫고, 너무도 잘 이용해 왔다는 점 역시 알아야만 한다.

'싫다'라는 감정적 결단이 좀 더 쉽게 작용하는 이유는 그 선택의 대상이 '사람'이기 때문이다. 그럴 수밖에 없는 것이 선택된 그 사람한테 막대한 권한이 주어지는 탓에 사소한 사실만으로도 그 적격성에 의심을 품게 되며, 투표의 대상이 사람이니까 '싫다' 혹은 '좋다'라는 감정을 이입하게 되는 것이다. 만약 투표 대상이 '사람'이 아니라 '정책'이라면 감정이입을 할 이유가 없다. '옳다' 또는 '틀리다' 아니면 나에게 '이롭다' 또는 '불리하다'라는 논리적이고 계산적인 판단만 하면 된다. 그런 의미에서 사람을 뽑는 민주주의가 아닌 정책을 결정하는 민주주의는 감정적인 편견으로부터 우리를 더 자유롭게 할 것이다. 이러한 적대적 분노와 감정적 편견으로부터의 해방은 그 자체로 인류 문명의 진보를 상징한다.

앞에서 지오반니 사르토리가 내각제 수상을 세 가지 형태로 분류한 것을 소개한 바 있다. 아렌드 레이프하트는 정부 수반을 5단계로 분류하여 대통령제를 포함한 모든 정부 형태를 다음과 같이 포괄하였다.[87]

정부 수반의 분류 — 아렌드 레이프하트의 확장된 5단 분류법

1단계: 으뜸가는 유일한 국가원수 *primus solus* ——— 대통령제의 대통령

2단계: 불균등한 권력 위에 제일의 권력 *first above unequals* ┐

3단계: 불균등한 권력 중에서 제일의 권력 *first among unequals* ├ 내각제 수상

4단계: 균등한 권력 중에서 제일의 권력 *first among equals* ┘

5단계: 균등한 권력 중에서 균등한 권력 *equal among equals* — 스위스 연방각의 의장

아렌드 레이프하트의 5단계는 정치권력이 민주적으로 진화하는 과정을 간명한 도식으로 보여 준다. 어쩌면 그렇게 멀지 않은 미래에 대통령제는 군주제 다음의 가장 원시적인 정부 형태로 기억될 것이다. 그리고 인류 문명의 진보에 맞추어 이루어지는 정치의 진화는 '더 자애롭고 더 온화한 민주주의'의 모습을 띨 것이다.

그렇게 해서 얻어진 '더 많은 민주주의'는 소수의 엘리트에게 집중된 정치권력을 좀 더 균등하게 분산시키는 방향으로 진화할 것이다. 정치권력을 독점에서 '분점'으로 바꾸고, 종국에는 권력 자체를 점차 소멸시키는 방향으로 나아갈 것이다.

여기서 우리가 주목해야 할 것은 이러한 진화가 '논증'의 문제가 아니라 '당위'의 문제라는 점이다. 그 진화는 '갈라파고스 섬 코끼리거북의 진화'처럼 가만히 두어도 당연히 진행되는 자연적 과정이 아니고, 의식적이고 계획적인 활동에 의해서만 이루어지는 결과이기 때문이다. 또한 그러한 진화의 동력은 불가피하게 '피지배자들의 주권 의지'일 수밖에 없다는 점도 잊어서는 안 된다. 다시 한 번 말하지만, 이제 영웅들이 인민에게 은혜를 베푸는 '영웅들의 민주주의'를 민주화시켜야 한다. 노무현의 민주주의, 문재인의 민주주의를 넘어서 '시민들의 민주주의'를 만들어야 한다. 이것이 정치권력이 진화하는 방향이며, 인류 문명이 나아갈 지점이다.

스스로 자유를 행사하는 자만이 자유로우며, 국민의 힘은 약자의 복지를 척도로 평가됨을 인식하고 여기 다음의 헌법을 제정한다.
스위스연방 헌법 전문

덧붙이는 말

참고한 문헌 중에 단 하나를 꼽는다면, 부르노 카우프만과 롤프
뷔치, 나드야 브라운이 공저한 《직접민주주의로의 초대》이다. 이
책은 IRI(The Initiative & Referendum Institue Europe, 유럽 시민발의
및 국민투표 연구소)가 공식적으로 제작한 직접민주주의 가이드북
으로 시민발의와 국민투표에 관하여, 추상적인 이론을 넘어서 풍
부하고 구체적인 사례로 직접민주주의의 의미를 밝히고 있다. 사
실 필자는 이 책을 소개하는 역할만 해내더라도 소임을 다했다
고 생각한다. 조금 더 바란다면 필자의 글이 통치 구조와 정당제
도, 영웅 숭배의 문제를 포괄하여 직접민주주의의 의미와 연결시
켰다는 데에 별도의 의의를 가졌으면 한다.

2018년 지방선거와 더불어 헌법 개정을 앞두고 있는 시점에 민
주주의에 대한 새로운 생각을 공유해 보자는 뜻에서, 이 책을 집
필하게 되었다. 하지만 이 책이 의도하는 바가 2018년 개헌 과정
에서 곧바로 반영될 거라고는 기대하지 않는다. 다만 지금까지의

헌법 개정이 소수 정치 엘리트들끼리의 담합으로 이루어졌던 것에 대해 이의를 제기하고 싶었다. 박정희 시대뿐 아니라 민주 항쟁으로 민주화를 이루어 냈다는 1987년에도 헌법 개정안에 대한 공론화 과정이 없었다. 단지 몇몇 엘리트들이 만든 헌법 개정안에 찬성과 반대, 둘 중 하나를 선택할 수 있는 권한만이 우리에게 주어졌다. 하지만 이번 개헌에 관한 토론에서는 시민들이 적극적으로 참여하기를 희망한다. 이 책이 여러분에게 논쟁거리로서의 텍스트가 되기를, 그리하여 진정한 민주주의가 무엇임을 깨닫고 민주주의의 진화를 이루어 나가는 일에 우리 피지배자들이 제대로 목소리를 낼 수 있기를 바랄 뿐이다.

참 고 문 헌

국내 문헌

강원택,《대통령제, 내각제와 이원정부제》, 인간사랑, 2006

강주훈,《의원내각제의 비교헌법적 연구》, 홍익출판사, 2010

게리 테일러,《이데올로기와 복지》, 조성숙 옮김, 신정, 2009

게오르크 뷔히너,《보이체크 / 당통의 죽음》, 홍성광 옮김, 민음사, 2013

귀스타브 르 봉,《군중심리》, 김성균 옮김, 이레미디어, 2008

김웅진 외 6명,《현대 정치학 강의》, 명지사, 2007

김인춘,《스웨덴 모델, 독점자본과 복지국가의 공존》, 삼성경제연구소, 2007

나필열,《의원내각제 채택의 필요성》, 한국학술정보, 2009

로베르트 미헬스,《정당론》, 김학이 옮김, 한길사, 2015

부르노 카우프만 외 2명,《직접민주주의로의 초대》, 이정옥 옮김, 리북, 2008

블라디미르 레닌,《국가와 혁명》, 문성원·안규남 옮김, 돌베개, 2015

아렌드 레이프하트,《민주주의의 유형》, 김석동 옮김, 성균관대학교출판부, 2016

아리스토텔레스,《니코마코스 윤리학/정치학/시학》, 손명현 옮김, 동서문화사, 2007

알렉산더 페트링,《복지국가와 사회민주주의》, 조혜경 옮김, 한울, 2012

장 자크 루소,《사회계약론》, 김중현 옮김, 펭귄클래식코리아, 2015

조지프 슘페터,《자본주의·사회주의·민주주의》, 변상진 옮김, 한길사, 2011

존 스튜어트 밀,《자유론》, 권기돈 옮김, 펭귄클래식코리아, 2015

지그문트 프로이트,《집단심리학과 자아 분석》, 이상률 옮김, 이책, 2015

최장집,《민주화 이후의 민주주의》, 후마니타스, 2010, 개정2판

카를 마르크스 외 1명,《칼맑스 프리드리히엥겔스 저작 선집4》, 박종철출판사, 1997

홍기빈,《비그포르스, 복지국가와 잠정적 유토피아》, 책세상, 2011

외국 문헌

Arthur M. Schlesinger Jr., *The Imperial Presidency* (MarinerBooks, 2004)

Keneth Arrow, *Social Choice and Individual Values* (YaleUniversityPress, 1970)

주

1   최장집,《민주화 이후의 민주주의》, 후마니타스, 2010, 개정 2판, 248쪽

2   같은 책, 193쪽, 252쪽

3   같은 책, 274쪽
    *밑줄 표시: 인용자

4   김웅진 외 6명,《현대 정치학 강의》, 명지사, 2007, 218쪽에서 재인용
    *원문: Samuel Phillips Huntington, *Political Order in Changing Societies*

5   최장집, 같은 책, 275쪽
    *밑줄 표시: 인용자

6   강원택,《대통령제, 내각제와 이원정부제》, 인간사랑, 2006, 217~218쪽
    *밑줄 표시: 인용자

7   게오르크 뷔히너,《보이체크 / 당통의 죽음》, 홍성광 옮김, 민음사, 2013, 192쪽

8   존 스튜어트 밀,《자유론》, 권기돈 옮김, 펭귄클래식코리아, 2015, 73쪽

9   로베르트 미헬스,《정당론》, 김학이 옮김, 한길사, 2015, 293쪽에서 재인용
    *원문: Michail Bakunin, *Il socialismo e Mazzini*

10 조지프 슘페터,《자본주의 · 사회주의 · 민주주의》, 변상진 옮김, 한길사, 2011, 504쪽

11 장 자크 루소,《사회계약론》, 김중현 옮김, 펭귄클래식코리아, 2015, 113쪽

12 같은 책, 36쪽

13 《칼맑스 프리드리히엥겔스 저작 선집4》, 〈고타 강령 초안 비판〉, 박종철출판사, 1997

14 블라디미르 레닌,《국가와 혁명》, 문성원 · 안규남 옮김, 돌베개, 2015, 150쪽

15 로베르트 미헬스, 같은 책, 498쪽

16 존 스튜어트 밀, 같은 책, 71~72쪽

17 알렉산더 페트링,《복지국가와 사회민주주의》, 조혜경 옮김, 한울, 2012, 22쪽

18 로베르트 미헬스, 같은 책, 31쪽

19 김웅진 외 6명, 같은 책, 123쪽 참고

20 미국 진보 언론《오픈데모크라시》, 2016. 6. 13. 코넬 웨스트의 인터뷰 기사

21 《참세상》, 2016. 6. 20. 〈민주적 사회주의자 버니 샌더스, '우리의 정치혁명은 계속'〉 참고

22 강원택, 같은 책, 172쪽 참고

23 강원택, 같은 책, 174쪽 참고

24 Keneth Arrow, *Social Choice and Individual Values* (YaleUniversityPress, 1970) 참고

25 《팩트TV》, 2017. 2. 16. 〈참여연대 '연동형 비례대표제, 20대 국회서 적극 추진해 달라'〉

26 김웅진 외 6명, 같은 책, 145쪽

27 아렌드 레이프하트, 《민주주의의 유형》, 김석동 옮김, 성균관대학교출판부, 2016, 132쪽

28 나필열, 《의원내각제 채택의 필요성》, 한국학술정보, 2009, 31~32쪽 참고

29 같은 책, 25~32쪽 참고

30 같은 책, 40쪽 참고

31 강원택, 같은 책, 68쪽 참고

32 Arthur M. Schlesinger Jr., *The Imperial Presidency* (MarinerBooks, 2004) 참고

33 최장집, 같은 책, 180~181쪽 참고

34 같은 책, 182쪽

35 아렌드 레이프하트, 같은 책, 132쪽

36 《the 300》, 2017. 9. 11. 〈문캠프 출신 학자만 1000명, 국책연구원장 놓고 경쟁 치열〉

37 《한겨레신문》, 2017. 8. 30. 〈13:0 만장일치로 유죄 파기한 '양승태 대법원' 굴욕 자초〉 참고

38 《경향신문》, 2017. 5. 14. 〈제왕적 대법원장 체제 개혁 요구…문 대통령 '사법 개혁 의지' 시험대〉

39 아렌드 레이프하트, 같은 책, 34쪽

40 같은 책, 315~334쪽 참고

41 강원택, 같은 책, 142쪽에서 재인용
    *원문: Stepan and Skatch, *The Failure of Presidential Democracy*

42 Arthur M. Schlesinger Jr., 같은 책 참고

43 같은 책, 168쪽에서 재인용
    *원문: Maurice Duverger, *A New Political System Model : Semi-PresidentialGovernment*

44 같은 책, 176쪽 참고

45 아렌드 레이프하트, 같은 책, 154쪽에서 재인용
    *원문: John T. S. Keeler and Martin A. Schain, *Chirac's challenge*

46 강원택, 같은 책, 185쪽에서 재인용
    *원문: 황태연 박명호, 《분권형 대통령제 연구》, 동국대학교출판부, 2003

47   김웅진 외 6명, 같은 책, 66쪽에서 재인용
      *원문: Giovanni Sartori, *Comparative Constitutional Engineering*

48   강원택, 같은 책, 199쪽 참고

49   같은 책, 192쪽에서 재인용
      *원문: Maurice Duverger, 같은 책

50   같은 책, 121쪽에서 재인용
      *원문: Hailsham, *The Dilement of Democracy*

51   같은 책, 117~121쪽 참고

52   같은 책, 124~128쪽 참고

53   김웅진 외 6명, 같은 책, 114쪽에서 재인용
      *원문: Giovanni Sartori, 같은 책

54   강원택, 같은 책, 174쪽 참고

55   같은 책, 201쪽 참고

56   같은 책, 74쪽

57   같은 책, 151쪽 참고

58   아렌드 레이프하트, 같은 책, 149쪽

59   김인춘,《스웨덴 모델, 독점자본과 복지국가의 공존》, 삼성경제연구소, 2007, 28~32쪽

60   홍기빈,《비그포르스, 복지국가와 잠정적 유토피아》, 책세상, 2011, 385~386쪽 참고

61   《뉴스1》, 2017. 8. 20. 〈정권 2번 바뀌었지만… 4만 3800시간째 광화문 광장〉

62   장 자크 루소, 같은 책, 113쪽

63   강원택, 같은 책, 133쪽에서 재인용
      *원문: 장준호, 〈독일 총리의 '신임안'과 그 정치적 함의〉, 유럽정치연구회 2005년 9월
      월례 발표 논문

64   부르노 카우프만 외 2명,《직접민주주의로의 초대》, 이정옥 옮김, 리북, 2008, 113쪽

65   같은 책, 115쪽

66   같은 책, 17쪽 참고

67   같은 책, 56~58쪽 참고

68   같은 책, 10쪽 참고

69   같은 책, 144쪽 참고

70   같은 책, 146~147쪽 참고

71   같은 책, 89~90쪽 참고

72   《세계일보》, 2017. 10. 22. 〈'결과 승복 모범' '대통령 사과해야…' 각계서 엇갈린 반응〉 참고

73   로베르트 미헬스, 같은 책, 129쪽

74   아리스토텔레스, 《니코마코스 윤리학/정치학/시학》, 손명현 옮김, 동서문화사, 2007, 294쪽

75   지그문트 프로이트, 《집단심리학과 자아 분석》, 이상률 옮김, 이책, 2015, 82쪽 참고

76   같은 책, 71쪽

77   같은 책, 43쪽

78   같은 책, 98쪽 참고

79   같은 책, 65~66쪽

80   로베르트 미헬스, 같은 책, 120~121쪽

81   같은 책, 126쪽

82   지그문트 프로이트, 같은 책, 101쪽 참고

83   같은 책, 102쪽

84   로베르트 미헬스, 같은 책, 103쪽에서 재인용
      *원문: Alexis de Tocqueville, *De la Démocratie en Amémrique*

85   장 자크 루소, 같은 책, 14쪽

86   존 스튜어트 밀, 같은 책, 71~72쪽

87   아렌드 레이프하트, 같은 책, 141쪽